ERNST BARLACH

DER ARME VETTER

DRAMA IN FÜNF AKTEN

NACHWORT
VON WALTER MUSCHG

PHILIPP RECLAM JUN. STUTTGART

Universal-Bibliothek Nr. 8218
Mit Genehmigung des R. Piper & Co. Verlages, München. © Reclam-
Verlag GmbH., Stuttgart, 1958. Gesetzt in Petit Garamond-Antiqua.
Printed in Germany 1972. Satz: Walter Rost, Stuttgart. Druck:
Reclam Stuttgart
ISBN 3 15 008218 8

PERSONEN

Fräulein Isenbarn

Siebenmark

Hans Iver

Voß

Engholm

Frau Keferstein

Schiffer Bolz

Griewank

Jan, *Wirt*

Thinka, *Wirtin*

Stine

»Frau Venus«

Kapitän Pickenpack

Sieg, *Zollwächter*

Kaffeegäste, Passagiere

I

*An einem Ostertag auf einer buschbewachsenen Heide in
der Nähe der Oberelbe.*
*Frl. Isenbarn ist im Tannengebüsch versteckt und singt,
dann schweigt sie plötzlich und wartet.*

Siebenmark.
Ja, du hast recht — es war ein herrlicher Ostertag.

Frl. Isenbarn. Ach Gott!

Siebenmark. Du rufst Gott heute zum dritten Male
— er wird wohl wissen, warum — ich weiß es nicht.

Frl. Isenbarn. Nein, du nicht!

Siebenmark. Komm doch endlich heraus, du Stimme;
meine Ohren sind satt, meine Augen sind hungrig.

Frl. Isenbarn. Siehst du mich denn gar nicht?

Siebenmark. Keine Spur.

Frl. Isenbarn. Aber du glaubst doch, daß ich's bin?

Siebenmark. Niemand anders, das kann ich beschwören — du allein!

Frl. Isenbarn. Ich? Wer?

Siebenmark. Meine Braut, wer sonst?

Frl. Isenbarn. Ein Stück Ostern auch — weißt du?

Siebenmark. Wo du bist, ist Ostern für mich und
Pfingsten zugleich. Soll der blaue Oster-Himmel gelb
werden vor Neid, wenn er hört, was du einmal zu
mir sagtest? Weißt du noch?

Frl. Isenbarn. Was?

Siebenmark. Du wärest müde, du selbst zu sein;
damit fingst du mich. Wer Fräulein Isenbarn so viel
bedeutet, daß sie in ihn verwandelt werden möchte ...

Frl. Isenbarn. Wirst du nie müde, du selbst zu
sein? *(Tritt aus dem Gebüsch.)* Daß du's nur weißt —
ich gehe heute mit Ostern spazieren, nicht bloß mit
dir; bist du eifersüchtig?

Siebenmark. Auf solchen langweiligen Peter? —

Hab keine Angst! — Aber es ist wahr: ein echter Ostersonntag heute!

Frl. Isenbarn. Aber ein Tag, kein gewesener!

Siebenmark. Na ja, wenn du so willst. *(Will nach der Uhr sehen.)* Wir haben noch ...

Frl. Isenbarn. Wenn ich nur deine Uhr umbringen könnte!

Siebenmark. Dann mußt du mich mit morden — ließe ich mir einfallen, heute das Dampfschiff zu verfehlen — — morgen früh nach Hamburg wäre es eine Hetze, und von da nach Cuxhaven zum Steamer wahrscheinlich zu spät — also: „mit der Uhr in der Hand" — — weißt du nicht einen Reim, du hast es ja heute damit?

Frl. Isenbarn. Hast du das gemerkt?

Siebenmark. Du monologisierst, solange wir unterwegs sind; mir ist dabei, als sprächest du mit einem Dritten, der aus Luft ist, aber er hält Schritt mit uns.

Frl. Isenbarn. Das tut mir leid. Was soll ich leugnen, mir ist heute ganz über ... menschlich, gewissermaßen. Schon daß wir da so spottbillig auf Wegen gehen, schien mir trostlos. Du bist wirklich ein braver Mensch, daß du mich so geduldig durch die Büsche sausen ließest — aber das ist nun einmal so — bei solchem Wetter fängt es bei mir an, und ich werde nicht einmal rot dabei:

> Krone des Lebens, Glück ohne Ruh —
> Ist Sonnenschein und Wind dazu.

Heute mußt du mich damit nicht auslachen, heute nicht. — — Höre mal — aber steck die Uhr weg.

Siebenmark *(tut es)*. Na?

Frl. Isenbarn. Auferstehung ist doch kein leeres Wort — sieh dich bloß um.

Siebenmark. Soll ich nun hören oder sehen — erst sagst du: höre; dann: sieh dich um. Aber es ist wahr — die Natur ...

Frl. Isenbarn. Mir kommt es vor, wie schon oft — aber heute ganz anders, als ob es in meine

6.

Seele aus vielen Weiten zusammenströmte, als ob
etwas Glänzendes, Mächtiges, das sich verloren hatte,
sich wieder heranfindet, als ob ganz altes Fremdes
wieder ganz jung bekannt wird. Wirklich, als ob man
auferstünde!

Siebenmark. Fräulein Isenbarn, meine Verlobte,
du brauchst nicht aufzuerstehen, mein Schatz, du bist
mir lebendig genug, vollständig!

Frl. Isenbarn. Ich werde aber nicht gefragt, ob
ich will.

*(Hans Iver kommt langsam heran, eilt dann vorüber,
sie sehen ihm nach.)*

Siebenmark *(ruft)*. Ach — Verzeihung, nicht wahr,
es ist eben vier Uhr, ich möchte es gerne sicher
wissen?

Iver. Ja, ja, höchste Zeit!

Siebenmark. Nein, ich meine, ob die Uhr soeben
vier war — würden Sie vielleicht mal nachsehen?

Iver *(sieht nach der Uhr)*. Fünf über vier.

Siebenmark. Danke verbindlichst. *(Zu Frl. Isenbarn.)* Dann hat unser Tag noch zwei Stunden zu
leben — vielleicht singst du ihm noch etwas vor?

Iver *(dreht sich um, wendet sich aber wieder ab; da
sie ihn nun befremdet ansehen, fragt er)*. Hier geht
es doch nach Lüttenbargen, was?

Siebenmark. Ich glaube, im Gegenteil, grade da,
wo Sie herkamen.

Iver. Mann kann sich hier verlaufen; nicht wahr —
das Fräulein — ich hörte von weitem singen und
dachte: was das für ein Mensch ist ... *(Bricht ab.)*

Siebenmark. Ja, es stimmt, die Sängerin ist niemand anders als die Dame; wir wollen übrigens auch
nach Lüttenbargen — Sie gehen wirklich verkehrt,
hier ist der Weg — vielleicht gehen Sie mit?

Iver. Keine Zeit — bedaure.

Siebenmark. Aber es gibt sicher keinen kürzeren.

Iver. Ja, ja — zwei Stunden, mein Gott! Höchste
Zeit! *(Eilt fort.)*

Siebenmark. Aber Sie gehen ja falsch, Herr!

I v e r. Alle Wege sind recht, man muß nur zugehen. *(Verschwindet.)*

S i e b e n m a r k. Der hat's eiliger als wir — — „mein Gott" sagte er auch; vielleicht will er noch eilig auf- erstehen — — —. Es scheint eben ein Dampfer ge- kommen zu sein; derselbe, mit dem wir fahren, wenn er wieder hinaufgeht. Er wird nett voll sein.

F r l. I s e n b a r n. So was finde ich nun prachtvoll: ein Weltreisender, wenigstens ein gelegentlicher — und verwechselt eine Wolke mit Schlotqualm!

S i e b e n m a r k. Ja, du hast recht — — übrigens will mir die Wolke gar nicht gefallen.

F r l. I s e n b a r n. Prachtvoll!

S i e b e n m a r k. Was, willst du naß werden?

F r l. I s e n b a r n. Nein, aber zu dem Wind, der dazu gehört, freue ich mich im voraus; wie die Lichter auf der Elbe tanzen werden im Dunkeln — und wenn man dann unten sitzt und das Wasser über einem hinter der Wand rauscht wie...

S i e b e n m a r k. Wie denn?

F r l. I s e n b a r n. Wie denkst du denn?

S i e b e n m a r k. Ich will mir ein Gleichnis überlegen, das sich gewaschen hat. Du sollst auch drin vor- kommen; ich will deine Sprödigkeit balsamieren. Soll der einen Wunsch frei haben, der das schönste Gleich- nis macht?

F r l. I s e n b a r n. Nur zu!
(Sie verschwinden hinter der Höhe.)

(Frau Keferstein mit Engholm.)

E n g h o l m *(verzweifelt)*. Ich kann wirklich nichts dazu sagen.

F r a u K e f e r s t e i n. Aber Sie meinten doch, ich wäre vielleicht gar nicht so krank — Sie sind doch ein Doktor?

E n g h o l m. Ich habe Ihnen nur geraten, sich an einen Spezialisten für Magenleiden zu wenden; ich ver- stehe wirklich nichts davon, ich bin doch kein Arzt — bloß Doktor — herrjeh, Doktor ist doch beinah jeder. *(Bösartig.)* Aber Sie wollen gewiß den schönen Weg nach Holm, wünsche viel Vergnügen — adieu! *(Grüßt.)*

Frau Keferstein. Nein, gewiß nicht, Herr ... ich will nur den Sonnenschein genießen, andere Absichten habe ich keine. Und nach Holm — einfach ausgeschlossen. Ich sagte Ihnen doch, wenn ich viel gehe ...

Engholm. Ja, da wird gleich eine Bank kommen.

Frau Keferstein. Wo? Zeigen Sie mir bitte ...

Engholm. Ich glaube rechts um die Ecke — Sie werden ja sehen — ich gehe leider geradeaus; *(eilig fort, ruft zurück)* haben den ganzen Winter Krankheiten zu Hause gehabt, muß mal laufen ...

Frau Keferstein. So ähnlich geht's mir auch; hören Sie doch! *(Engholm verschwindet.)*

Schiffer Bolz *(ein rüstiger Graubart, im Vorbeigehen).* So allein auf die Padden, gnä'ge Frau?

Frau Keferstein. Aber schöne frische Luft ...

Bolz *(bleibt stehen).* Ja — nich? Das ist doch mal ein Ostern, wie er sein soll.

Frau Keferstein. In der Einsamkeit wird einem ganz komisch, glauben Sie, daß es hier geheuer ist?

Bolz. Un—be—dingt, gnä'ge Frau! Das heißt — wenn's so trifft, dann trifft man hier herum in den Sandbergen Monarchen.

Frau Keferstein. Was sind denn das für welche?

Bolz. Monarchen? Düwel ok — Monarchen sünd Monarchen. Sie führen woll ihre Heerscharen mit sich im Unterfutter, wenn sie kein Hemd anhaben. Gehen Sie ein büschen mit? Wir können auch 'n kleinen Umweg machen, da is so 'ne hübsche Stelle — sollen mal sehen! Aber viel Sand — gnä'ge Frau — —

Frau Keferstein. Na, man kann sich ja mal hinsetzen.

Bolz. Wenn der Herrgott so 'ne schöne Luft macht, warum soll man sich da nicht 'n büschen utlüften, auslüften, aufknöpfen — wollen mal gleich hier reingehen; is woll ein schmaler Weg, aber Sie haben ja auch 'n paar niedliche Füße; das hab ich gleich gesehen.

Frau Keferstein. Aber werden Sie auch nicht zu dreist?

Bolz. Keine Angst, gnä'ge Frau, mein Name ist Bolz, kein Bolz hat sich je ein Wort zuviel zuschulden kommen lassen.

Frau Keferstein. Ich bin auch kein Freund von zuviel Worten.

Bolz. Ganz mein Fall, gnä'ge Frau — nu man zu, und hübsch sacht, immer grade aus — *(Verschwinden.)*

(Voß, ein unrasierter Herr von fünfzig Jahren, sehr anspruchslos gekleidet, kommt mit Hans Iver im Gespräch.)

Voß. Sagen Sie, was ist denn heute los, wo kommen all die Menschen her?

Iver. Wollen Sie sonst noch was?

Voß. Ach so — Sie meinen, ich könnte vielleicht eine Kleinigkeit gebrauchen; soll ich mich lange nötigen lassen?

Iver. Wissen Sie nicht, daß heute Ostern ist?

Voß. Woher denn?

Iver. Gut — ich habe selbst nichts. *(Boshaft, da Voß noch stehen bleibt.)* Was wollen Sie eigentlich? Wer sind Sie?

Voß. Ätznatronlaugenfabrikant so und so.

Iver *(fixiert ihn)*. Haben Sie was auf dem Gewissen? Wenn man so umständliche Angaben — sozusagen ungewöhnliche macht — — eine Anonymität wie diese ...

Voß. Auf wem? Der Gewisse dient mir zum Sitzen — sonst kann ich nicht dienen.

Iver. Jedenfalls sind Sie beschlagen, und am Ende, wenn es von mir zu grob war ...

Voß. Gott bewahre, alles in Ordnung.

Iver. Lachen Sie nicht; ich meine: so im geheimen? Mir scheint, Sie grinsen hinterrücks.

10

V o ß. Ich will wirklich nichts davon wissen, was Sie auf dem Gewissen haben.

I v e r. Wissen Sie . . .

V o ß. Lassen Sie doch!

I v e r. Na, wir wollen mal zusehen. *(Zieht seine Börse.)* Hier haben Sie Ihr Teil; aber Sie sind doch schließlich ein gebildeter Mensch, was?

V o ß. Zu dienen, ich war Schulmeister, und nun denken Sie: Die liebe Jugend — — ich meine die Jugend der Johannestriebe, und das paßte nicht zu meinem Amt; es kam etwas heraus, was mich aus dem Amt herausbrachte, aber zum Glück behielt ich eine Pension.

I v e r. Und nun landstreichern Sie so herum?

V o ß. Wie Sie wollen. Die liebe Familie kann mich nicht brauchen, sie hat an der Pension genug.

I v e r. Und Ihre Ätznatron . . .

V o ß. . . . laugenfabrikation?

I v e r. Ist ein Symbol, was?

V o ß. Nicht wahr? Man beizt alles ab damit. Firnis, Farbe, Schein und alles. Man kennt sich aus, man weiß Bescheid. Geben Sie nur her!

(Iver gibt ihm ein Geldstück.)

V o ß. Danke — und Sie?

I v e r. Ich? Wer ich bin? Damit Sie was zum Beizen haben? Nein, prost die Mahlzeit! Wenn Ihre Beize echt wäre, kämen Sie auch ohne Verhör auf meinen Grund, dächte ich. Raten Sie mal!

V o ß. Ein bißchen Windhund — aber sonst aus gutem Hause — hm?

I v e r. Bravo! Sie können nichts Besseres sagen; aus sehr gutem Hause — ja, aber verbummelt, verlumpt.

V o ß. Das dachte ich mir gleich, weisen Sie also die kleine Unterstützung von mir nicht zurück. *(Gibt ihm das Geldstück wieder.)*

I v e r. Danke, wie Sie wollen, Papa ist einer von den Allererstein, bescheiden gesagt.

V o ß. Das sieht man! Schließlich ist alles egal, ob die Frühlingstriebe einen umbringen oder die herbstlichen, ja?

I v e r. Wissen Sie — ich habe mich verlaufen, oder ich bin für irgendeine Dummheit — *(rundum weisend)* — hier ins Loch gebracht.

V o ß. Und das liegt Ihnen so auf dem Gewissen?

I v e r *(verwundert)*. Verstehen Sie das nicht?

V o ß. Warum Ihnen das auf dem Gewissen liegen soll?

I v e r. Wenn Ihnen plötzlich die Augen darüber aufgehen und Sie müssen selbst sagen, daß Sie ein Bastard sind? Was ein Lump von Natur und Anlage ist, empfindet nichts davon, aber wenn man den ganzen diffizilen Schmack auf der Zunge hat, den Geruch vornehmer Leute in der Nase!

V o ß. Ja so — Sie meinen's wohl auch als Symbol?

I v e r *(mit Grandezza)*. Zu dienen, gehöre zu denen, die ihre Weste zuknöpfen, damit man ihnen nicht so mir nicht dir nicht zwischen die Rippen tippen kann.

V o ß. Versteht sich.

I v e r. Also — pfui Teufel, schließlich verträgt man den eigenen Geruch nicht mehr, man riecht vor sich selbst wie ein Fremder. Haben Sie mal mit Leuten in der Herberge zu Mittag essen müssen? Und bei sich gedacht: hu, was für Manieren, was für ein Eßbegriff; lieber hungern — als so satt werden — was? So kommen, so gehen, so schmatzen, so sich hinflegeln, zu so — etwas überhaupt gehören — — — und Angst gekriegt, das muß nun dauern; auf dieser Bank balancierst *du dich* so langsam in Gleichgewicht und Zufriedenheit — zusammen mit *den* andern hin?

V o ß. Nein, nie erlebt.

I v e r. Das glaub ich gern. Mir liegt das aber auf dem Gewissen, da ist nichts zu machen. Im Schlaf fange ich an zu träumen, daß ich gestohlen habe, und über Tag will mir scheinen, sie sind mir wegen Mordes auf den Hacken. Schön, was?

V o ß. Sie werden sich schon gewöhnen müssen.

I v e r. Ja woll — danke! Meinen Sie, daß die Geschichte von der Erbsünde so ein voller Nonsens ist?

Nein, da ist was dran. Um nichts und wieder nichts wird man nicht verknackt, *so* verleugnet von den eignen vornehmen Verwandten, *so* zu Leuten ausgetan, wie unsereins.

V o ß. Leute wie unsereins?

I v e r. Nun, wie unsereins zu Leuten von Ihrer Sorte.

V o ß. Na, das klingt ja erbaulich. Aber ich denke mir, wenn Sie es auch ableugnen, irgendwie wird der Haken, ich meine einen Haken nach diesseitigen Begriffen, doch wohl mit Ihrem Zutun in Ihr wertes Fleisch gefahren sein, wie z. B. wenn Sie auch nicht gemordet haben . . .

I v e r. Jawohl, grade ich habe gemordet.

V o ß. Ach was, daran ist nicht zu denken — aber —

I v e r *(verschränkt die Arme).* Na, was dann wohl, bin wirklich neugierig. *(Geht dann plötzlich eilig ab.)* 2×2 sind 4, nicht wahr? Nein, ihr Lumpenpack. 4 ist 4 und nichts anderes. Zwei von euch sind niemals zusammen was Ordentliches; ihr bleibt ewig ein doppeltes Halbes. *(Rapide.)* Man muß auf sich passen, sonst wird man im Umsehen zu zwei Hälften zerhackt. Lieber ordentlich nichts als zweimal halb. *(Zurückrufend.)* Übrigens: hätten Sie doch zuletzt noch die Nachtigall singen hören wie ich!

II

Der obere Teil eines hohen kahlen Hügels der Heide; man sieht noch einige obere Zweige vom Gebüsch; Sonnenuntergang; rauhe Luft.
Hans Iver steht oben, die Hände in den Taschen seines Überrockes, schaut nach der Sonne, wendet sich ab, kehrt aber wieder um und steht eine Weile. Ohne Mimik. Dann zieht er einen Revolver aus der Tasche. Dabei fällt zugleich ein Zettel heraus; er nimmt ihn auf und steckt ihn gleichgültig wieder ein. In diesem Augenblick hört man Stimmen, und Hans Iver läßt den Revolver verschwinden und entfernt sich langsam.

Frl. Isenbarn und Siebenmark tauchen von der andern
Seite auf.

S i e b e n m a r k. Das finde ich nun wunderbar, da
gebe ich mir seit einer Stunde die menschenmöglich-
ste Mühe und bringe kein Wort aus dir heraus.

F r l. I s e n b a r n. Du hast mir wohl nichts weiter an-
gemerkt, daß du mich mit Niggergesangsversen amü-
sieren willst?

S i e b e n m a r k. Bist du nicht wohl?

F r l. I s e n b a r n. Weißt du, wie mir ist? Man denkt:
Himmel, wo soll das hinaus, wo ist das Leben und
die Erde, die solches Übermaß verbrauchen können!
Es ist zum Weinen, denken zu müssen, daß das alles
wieder fort muß, daß das alles zu viel ist und in
die Gosse kommt. *(Droht mit der Faust.)*

S i e b e n m a r k. Ich hörte dich zur Sonne sprechen,
und nun zeigst du ihr die Faust? Laß nur gut sein,
sei ruhig, Kleine, und mach mir den Abschied nicht
schwerer als nötig ist. *(Streckt den Arm aus.)* Morgen schwimme ich da hinten.

F r l. I s e n b a r n. Die Kleine wird weinen!

S i e b e n m a r k. Nanu?

F r l. I s e n b a r n. Du kommst ja wohl zurück, die
Dampfer sind so pünktlich.

S i e b e n m a r k. Gott sei Dank — ziemlich . . .
freust du dich? Es macht übrigens nichts, ich bin kein
Zukunftsfex und verpflichte niemandes Gefühl auf
einen Kalendertag.

F r l. I s e n b a r n. Ich werde bis dahin wohl auch wieder vernünftig sein — und so etwas wie heute wird
nicht wieder vorkommen dürfen.

S i e b e n m a r k. Warum nicht — wenn du nur immer wieder — wie sagtest du? — vernünftig wirst.

F r l. I s e n b a r n. Es kommt nicht wieder vor. Heute
langte es zur Not zu etwas Gutem, aber was soll ich
ich heute damit! Hattest du nicht ein Gleichnis, das
du mir zu Ehren erdenken wolltest? Hast du dich
besonnen?

S i e b e n m a r k. Ja, hör zu! Das Wasserrauschen hinter der Schiffswand — mir war das immer wie das Getöse der grundlosen, ewig widerhaarigen Unvernunft, in der wir uns mühsam Weg und Steg suchen müssen.

F r l. I s e n b a r n. Aber es sollte doch etwas mit mir zu tun haben?

S i e b e n m a r k. Das kommt jetzt. Seitdem du da bist, ist die Unheimlichkeit der Welt nur noch dein Hintergrund in meinen Augen. Zwischen uns entstehen gegenseitige zehn Gebote mitten im Chaos. Die zehn Gebote für mich vernageln mir die mystische Welt mit bestimmten Forderungen und Verheißungen — so kann ich mein Leben wie einen Raum ableuchten — er hat seine sicheren Grenzen und Weiten. Das läßt sich hören, nicht? Bist du schlecht weggekommen?

F r l. I s e n b a r n. Und für dich habe ich gar nichts Unheimliches, da ist gar nichts Fremdes mehr — wie?

S i e b e n m a r k. Du verstehst schon, was ich meine.

F r l. I s e n b a r n. Nun will ich dir sagen, wie mir das Wasserplantschen hinter der Schiffswand vorkommt: wie das Ziehen und Sausen des Bluts in den Adern des größeren Lebens um uns, in dem wir treiben.

S i e b e n m a r k. Du weißt, daß ich mir dabei nichts vorstellen kann.

F r l. I s e n b a r n. Müßte man sich nicht schämen, ein so elendes Leben zu führen?

S i e b e n m a r k. Fräulein Isenbarn, Sie träumen wohl! Sie reden irre!

F r l. I s e n b a r n. Ich kann dir versichern: Heute fühle ich die Möglichkeit von dem andern, dem Besseren — und von morgen an bis ans Ende soll ich ein Halbes, ein Drittel, ein Viertel davon . . .

S i e b e n m a r k *(hat zerstreut zugehört; sie schweigt)*. Wie? Entschuldige, ich mußte plötzlich daran denken, daß ich morgen früh noch eine wichtige Besprechung habe.

Frl. Isenbarn. Eine wichtige . . .?

Siebenmark. Ach, ja — mit Puttfarken & Co. Der Alte macht noch Schwierigkeiten, aber ich habe mir etwas zurechtgelegt, und so wird es gehen.

Frl. Isenbarn. Du brauchst übrigens nur ein Wort zu sagen, mein Geld ist meins so gut wie deins. Ich habe darüber mit meiner Mutter gesprochen — ich kann's jeden Augenblick haben — du auch — sag nur ein Wort. Es ist mein voller Ernst!

Siebenmark. Ist das nicht ein etwas spaßiger Ernst? Doch wir sprechen noch darüber. Sei nicht bös, ich wollte nicht spotten; aber man hat seine Sorgen, die liegen einem im Kopfe, und sind meine Sorgen nicht schließlich auch deine Sorgen?

Frl. Isenbarn. Aber wem soll ich *meine* Sorgen anvertrauen? Ich will übrigens spotten.

Siebenmark. Du hast recht, spotte, bis dir wieder wohl ist. Ich tröste mich mit dem Gedanken, daß ich doch dein Regulator bin. Komm — wir wollen weiter, es wird Abend, und dein lieber Wind ist kalt geworden. *(Verschwinden.)*

(Bolz und Frau Keferstein.)

Bolz. Is 'n büschen reichlich spät geworden.

Frau Keferstein. Aber ganz ohne meine Schuld — Sie!

Bolz. Jä — was das anbelangt — unser Pastor sagte heute morgen, wir sollten an solchen Feiertagen unsre geistlichen Hauptbücher in Ordnung bringen und zukucken, was wir dem Heiland etwa schuldig geblieben wären. Ich meine aber, weil meine Kohlen von England kommen un weil ich nämlich hauptsächlich mit England in Abrechnung steh un — weil sich England so hübsch mit dem Heiland benehmigen kann, das steht fest, so könnten sie unter sich abmachen, was ich im großen un ganzen zu zahlen un zu kriegen habe . . .

Frau Keferstein. Schweigen Sie bloß still, das ist ja greulich anzuhören.

16

B o l z. Ich wollte auch man sagen, wenn von Schuld allerwege die Rede sein soll, das laß ich alles stehen, wo es steht, bis mal die große engelsche Rechnung bezahlt wird. Dann kann der Heiland seinen Teil dabei rauskriegen. — Sehen Sie mal — dorachter dat Griese, Blanke, das ist die Elbe, und da, wo hinten der Kirchturm steht, da ist Braak, da liegt mein Fahrzeug, ganz achtern is der Torn von Buxthud'.

F r a u K e f e r s t e i n. Fahren Sie weit?

B o l z. Na, bi mine Johren nehm ick blot noch de Küstenschiffohrt wohr — ja, 'n beten na Dänmark rup und na Holland dal — und so. Wenn Ihr Herr Gemahl wieder Kohlen braucht, dann denken Sie an mich. Werden reell bedient, gnä'ge Frau — re-ell! Hier ist meine Karte.

F r a u K e f e r s t e i n. Glauben Sie, daß er was gesehen hat?

B o l z. Wer — der lütte Kerl, der da im Gebüsch herumstakte? Wo ward he!

F r a u K e f e r s t e i n. Er hat alles gesehen, glauben Sie man.

B o l z. Na, dann hat er wohl seinen Spaß bei gehabt, ebenso wie wir!

F r a u K e f e r s t e i n. Er sah aus wie vor den Kopf geschlagen.

B o l z. Is auch 'ne snaksche Sache — so auf einmal ...

F r a u K e f e r s t e i n *(stößt ihn an. Es fällt ein Schuß).* Was war das? Ein Schuß? *(Sie horchen.)*

B o l z. Je, dat het woll so ballert! Da unten war's, nicht weit von unserm Platz von vorhin ab.

F r a u K e f e r s t e i n. Gott, mir fällt der junge Mensch ein; wenn mit dem man nichts passiert ist.

B o l z. Dat schull doch mit'n Düwel togahn!

F r a u K e f e r s t e i n. Hören Sie nichts?

B o l z. Nee, aber man müßte woll mal hinkucken, wollen ein büschen weiter rangehen, kann ja auch ein dummer Spaß gewesen sein; Leute, die nicht wissen, wie sie sich anständig betragen sollen, gibt's

massenweise. *(Sie gehen hinunter; wie sie fast ver-*
schwunden sind, hört man Voß rufen.)

V o ß. Kommen Sie doch mal schnell her, hier liegt
einer im Gebüsch, kommen Sie doch mal ran.
(Windstoß.)

III

Niedrige Wirtsstube von Lüttenbargen. Dämmerung.
Man sieht durch die Fenster ein- oder zweimal einen
Dampfer auf der Elbe vorbeiziehen. Von rechts bis
zur Mitte der Stube ein Schanktisch, dessen Eckpfosten
ziemlich in der Mitte der Stube eine Gebälkstütze für
das obere Zimmer abgibt und den man mit der Hand
abreichen kann. An der Wand kann eine Klappe im
Schanktisch geöffnet werden, und hinter dem Schank-
tisch befindet sich eine Tür ins Innere des Hauses, nach
der Küche und der Treppe zu den oberen Räumen.
Links ist die Haustür. Auf vier bis fünf Tische fällt
das letzte Licht von draußen. Die Fensterscheiben sind
leicht beschlagen, Tabaksrauch zieht umher, liegt in
Streifen und wallt über die Köpfe der Gäste, die beim
Kaffee sitzen. Jan, der Wirt, bedient sie auf unge-
schickte Art. Man sieht, er gibt sich nur sonntags da-
mit ab. Seine Frau, Thinka, wirtschaftet hinter dem
Schanktisch; Stine, das Mädchen, zwischen Innentür
und Tischen hin und her, im Sonntagsstaate.
Drei Jünglinge stecken die Köpfe über den Tassen zu-
sammen und sprechen leise. Griewank sitzt am selben
Tisch und hört unauffällig zu.

E r s t e r J ü n g l i n g. So was kann ich einfach nicht
glauben! *(Murmelt weiter.)* Es passieren nämlich
Dinge, die ein Gott nicht zulassen *darf.* Ich würde
ihn behandeln wie ein Neger seinen Fetisch, ich
würde ihn bespucken . . .

Z w e i t e r J ü n g l i n g. Sie haben Erfahrungen, religiöses Erleben, das hört man aus jedem Wort.

E i n a n d e r e r G a s t. Was ist denn los? Kriege ich

18

bald Kaffee, Herr Wirt? Ich will noch mit dem Dampfer . . .

J a n. Oh, da können Sie noch viel Kaffee trinken — aber entschuldigen Sie man, wir haben 'ne kleine Störung gehabt. Da hat sich einer den Fuß verstaucht, oben auf den Sandbergen. Is woll nich schlimm geworden. *(Deutet mit den Augen nach der Decke.)* Da liegt er — oben. So, Herr, da kommt auch Ihr Kaffee.

G a s t. Wie kann man sich bloß im Sand den Fuß verstauchen! Blödsinn!

J a n. — Jä — ick weet ok nich. Sie brachten ihn durch die Hintertür und hatten ihn untergefaßt. Mächtig wrantig is er — hat woll Wehdag.

B o l z *(kommt von oben die Treppe herab durch die innere Tür, zu Thinka).* Ach wat, blot's 'n beten blödig, lat em man utslapen. Giv mi een Glas Beer und 'n Lütten to fiv. *(Setzt sich zu Griewank.)* Dag ok, Asmus.

(Griewank nickt.)

(Dann kommen Frau Keferstein und Voß auch aus der Innentür. Thinka spricht hastig auf sie ein. Sie kommen hinter dem Schanktisch hervor und setzen sich getrennt nieder.)

F r a u K e f e r s t e i n *(zu Jan, der ihr Kaffee bringt).* Wann kommt das letzte Schiff nach Hamburg?

J a n. Dies ist das letzte, aber Sie können ruhig austrinken.

F r a u K e f e r s t e i n. Was machen Sie denn — *(leise)* mit dem da oben?

J a n. Lassen Sie man, ick ward all tokiken.

D r i t t e r J ü n g l i n g. Ich für meinen Teil weigere mich, an einen Gott zu glauben, bis man ihn physikalisch demonstrieren kann.

Z w e i t e r J ü n g l i n g. Wieso? Sind Sie verrückt?

D r i t t e r J ü n g l i n g. Das ist ja egal; wenn es einen Gott gibt, muß man auch glauben können, wenn man verrückt ist. Oder sollen Verrückte keinen Gott haben — bitte? Ich sage: demonstrieren! In der

Flasche und bei abgeschlossenen Türen — eher nicht!
Ich bin Vegetarianer, wissen Sie! Fleischessen führt
zur Tyrannei! *(Trinkt ergrimmt seinen Kaffee aus.)*
*(Es dunkelt stärker, Thinka macht Licht. Siebenmark
und Frl. Isenbarn treten ein und setzten sich. Sehen
sich um und hören zu.)*
B o l z *(zu den Jünglingen).* Meine Herren, das nehmen
Sie mir bitte nich übel, allmächtig is der Herrgott
aber nich.
Z w e i t e r   J ü n g l i n g. Doch, doch!
B o l z *(gewaltig).* Dann will ich Sie was fragen: Kann
er Nord-Süd steuern? Sehn Sie woll, das kann er
nich.
G r i e w a n k. Ick will di vertellen, wat dat mit din
Nord-Süd för en Sak is. Kik, Peter, du weest jo
gornich, wat för een Schapskopp du büst, un wenn
du dat wüßt, dann weerst du jo keen Schapskopp.
(Zu den Jünglingen.) Wenn er weiß, wie dumm er
is, denn is er nich dumm. Wenn er aber nich dumm
is, dann kann er auch nich wissen, daß er dumm is.
So is dat mit seinem Nord-Süd. Kik, Peter, grad so!
S i e b e n m a r k *(zu Jan).* Bitte, Herr Wirt, was hab
ich zu bezahlen?
F r l. I s e n b a r n. Wollen wir schon . . .?
S i e b e n m a r k. Wollen wir nicht lieber an die Brücke
gehen? Der Dampfer muß jeden Augenblick kom-
men — hier — — —
F r l. I s e n b a r n. Ich finde es wundervoll hier!
S i e b e n m a r k. *Den* Unsinn anzuhören? Du, die hal-
ten noch lange nicht auf. Die fangen grade an.
F r l. I s e n b a r n *(zu Jan).* Ist es schon Zeit?
J a n *(sieht zum Fenster hinaus).* Noch nix zu sehen,
Fräulein. Ich will mal schnell die Brückenlichter an-
stecken, komme gleich wieder. *(Will hinausgehen.
Jan begegnet Engholm, der Schneeflocken auf Hut
und Mantel hat.)*
E n g h o l m. Gott sei Dank, ich komme nicht zu spät
— oder ist der Dampfer schon fort? *(Nimmt die
Brille ab.)*

J a n. Kann jeden Momang kommen, Herr; kann auch noch was dauern, scheint bannig schlechtes Wetter zu sein.

(Jan hinaus. Engholm setzt sich und grüßt Siebenmark. Man hört Wind und Schneetreiben am Fenster.)

B o l z *(legt Geld auf den Tisch; zu Griewank).* Min Fohrtüg is jo god, äwer de Knecht to dit Fohrtüg hett männigmol dumm Tüg vör. Is woll beter, ick kik mal hen.

G r i e w a n k. Föhrst du noch jümmer din oll Hosiannah?

B o l z Worüm nich? Wat hest du dorgegen?

G r i e w a n k. Ick meen man, wenn een ne nige Fru kriegt, kann he ok dat oll Takeltüg afgewen — wann is denn Hochtid?

B o l z. Is noch lang nich so wid — adschüs ok!

G r i e w a n k. Na, denn adschüs.

B o l z. Guten Aben, meine Herrn. *(Grüßt und geht an Frau Keferstein vorbei hinaus.)*

F r l. I s e n b a r n. Ich wollte, das Dampfschiff ließe noch auf sich warten.

S i e b e n m a r k. Deine Mutter würde sich ängstigen, wenn wir uns verspäteten.

F r l. I s e n b a r n. Meine Mutter hat bloß die eine Angst, es könnte mir so gehen wie ihr. Sie hat ihr Leben lang im Schneckenhaus sitzen müssen, und darum hat sie mich hinausgejagt und gesagt, brich dir lieber alle Viere, als im Gehäuse heil zu sitzen. Ja, das ist wahr; sie hat mich gewissermaßen nach Vaters Tode, als ich zehn Jahre alt war, erst so eigentlich zur Welt gebracht.

S i e b e n m a r k. Du bist so gut aufgelegt, daß ich dringend wünschte, der Dampfer käme endlich.

J a n *(kommt mit aufgeschlagenem Kragen zurück).* Sie haben noch lange Zeit, meine Herrschaften; der Dampfer ist noch nicht mal in Klosterdiek.

E n g h o l m. Aber wo ist er denn?

J a n. Jä, Herr, wo mag er denn wohl sein?

T h i n k a. Snack doch nich so'n dumm Tüg, Jan!

J a n *(zu Engholm)*. Fragen Sie man meine Frau, Herr, die wird woll Bescheid wissen. Will nix über Ihre Frau sagen, aber min Thinka is 'ne aasig kloke Fru, Herr. Is noch viel Schnee in der Luft, da können auch so'ne Nachteulen wie Kapitän Pickenpack nich durchkucken.

(Unruhe der Gäste: einige schauen hinaus, andere bestellen Getränke.)

T h i n k a *(zu Jan, leise)*. Mi dücht, Jan, ick hör em da baben ankloppen, kiek doch mal na den lütten Kirl rop. Ick hew keen Tid.

J a n. Je, min Deern, ick hew nich mihr Tid as du. Ick hew em mal fragt, ob he wat to drinken hebben wull, »nee« hett he seggt — nee, he hett gornix seggt.

S t i m m e n v o n v e r s c h i e d e n e n T i s c h e n. Haben Sie heißes Wasser — denn kann man woll 'n lütten Grog haben?

A n d r e S t i m m e n. Zwei! Drei! Aber'n büschen nördlich!

(Tätigkeit am Schanktisch.)

E n g h o l m *(setzt sich unruhig zu Voß)*. Mein kleiner Junge hat eine ewig lange Krankheit gehabt, ist halbtot davon, und heute schien es mal wirklich, wir wären überm Berg — da riet mir meine Frau selbst, ich sollte mal hinausfahren. Aber so rechten Spaß hab ich nicht davon gehabt.

V o ß *(streicht sich über den Mund)*. Ja, ja!

E n g h o l m. Ihre Kinder sind wohl erwachsen?

V o ß. Ja, alle.

E n g h o l m. Das kann ich mir einfach nicht vorstellen — da baut man den kleinen Wundern ihre Welt auf, als wäre man ihr Gott selbst, stopft sie mit eignen Opfern, und sie happen und schnappen und verdauen die Unglaublichkeiten wie Mastgänse ihr Futter. Ja, aber daß es Erwachsene — gleich — gleich — — — Trinken Sie einen Grog mit mir?

V o ß. Gott, warum nicht. *(Engholm bestellt.)* Schlagen Sie sich nur die Vatersorgen aus dem Kopf. Es gibt

22

noch andere Erzieher als wir: *Die* haben Kurage. Ich sage Ihnen, Sie würden sich brechen, wenn Sie recht bedenken, durch was alles die Kinder durch müssen — hinausgehen, ausleeren würden Sie sich. Lassen Sie mal die Zeit einen Hopser machen und uns alle mit. Und nun liegt Ihr Sohn hier über uns mit einer Kugel in der Brust. Ihr Sohn, und Sie wissen nichts davon.

E n g h o l m. Mensch, was soll das?

V o ß. Nicht wahr, Sie möchten speien bei dem Gedanken!

E n g h o l m. Eine gräßliche Vorstellung, aber nur eine Vorstellung.

V o ß. Was dem da oben passiert ist — — —

E n g h o l m. Was ist denn passiert?

V o ß. Ihr Sohn — na, ein Sohn hat sich diesen Nachmittag umgebracht — nun, ganz so weit kam es nicht, aber er liegt doch oben.

E n g h o l m. Schrecklich.

V o ß. Die Haare stehen Ihnen zu Berge, aber nicht sehr steil, weil's eben nicht Ihr Sohn ist. Sonst würden Sie mit den Zähnen klappern. Sehen Sie, in was für eine Einöde wir unsere Kinder setzen? Kennen Sie nicht die Geschichte von dem Mann, der die ganze Welt totschlagen wollte, weil sie ihm nicht gut genug war? Aber wie das machen? Da fiel ihm ein, er wollte mit sich selbst anfangen, sozusagen am andern Ende, aber wer sollte dann den Rest besorgen?

E n g h o l m. Waren Sie der Mann? Was sollte das denn auch!

V o ß *(mit Armbewegung)*. Was das sollte? Platz für Bessere. Platz, Mensch, Platz! Macht Neue, macht Neue!

E n g h o l m. Na, würden Sie sich opfern, wenn Sie die Welt dadurch bessern könnten — erlösen; würden Sie sich kreuzigen lassen? *(Man hört in der oberen Stube laut auf den Fußboden klopfen.)*

E n g h o l m. Was war das?

V o ß. Der oben — wenn Sie mal auf Opfer versessen sind, vielleicht ist er eins!

(Thinka eilt hinaus.)

S t i m m e n. Was war das?

J a n. Wie hevt noch eenen Gast da baben in de Stuw — is 'n beten ungedullig, will woll wat to drinken hebben.

S t i m m e n. Ein Klopfgast.

*(Frl. Isenbarn und Siebenmark haben wortkarg da-
gesessen.)*

S i e b e n m a r k. Bin ich dir nicht eine Antwort schuldig geblieben?

F r l. I s e n b a r n. Ja, ich habe mich schon darüber gewundert. Du läßt doch sonst deine Geschäfte — —

S i e b e n m a r k. Ja, ja. Aber es war mir doch ein we-
nig sonderbar zumute dabei. Weißt du, nämlich — — ob man Geld hat oder mit Sicherheit zu erwarten, ist unter Umständen geschäftlich einerlei. Du willst mir helfen — schön — aber in Wahrheit hast du mir schon geholfen. Ich kann es so rechnen, als ob — —

F r l. I s e n b a r n. Aber ich wollte dir gar nicht helfen.

S i e b e n m a r k. Wieso?

F r l. I s e n b a r n *(verstockt sich)*. Das läßt sich nicht so einfach erzählen. *(Mit Plötzlichkeit.)* Du warst ein Mensch, in dem mein bißchen Ich so grade aufgehen sollte — wie? Aber ich wollte dir immer zei-
gen . . . einerlei; denke an meine Launen! Habe ich nicht einen Aufwand getrieben, habe ich mich nicht vor dir förmlich bloßgestellt? Das alles floß in dich wie ein Bach ins Meer. Nichts störte deine Ruhe. Nun schäme ich mich!

J a n *(im Gespräch mit Gästen)*. Der Dampfer hat bloß Klosterdieck noch nicht passiert; das ist alles.

E i n B e t r u n k e n e r. Was soll passiert sein?

J a n. Jä, ick kann't nich helpen.

D e r B e t r u n k e n e. Bei Jan ist keine Hilfe, Jan steckt seine Hände in die Tasche und hält seine Ge-
därme im Bauch warm. Jan, Jan, wat bist du vör'n Klabautermann!

J a n *(zu Griewank, der fortgehen will).* Wullt du na Hus, Asmus? Kannst du nich de Lüd mitnehmen? Wenn de Damper nich kümmt, wo schall ick mit all de Minschen afbliewen? Und von di ut kriegt se licht Pird und Wagen na Buxthud to'n Tog.

G r i e w a n k. Je, Minsch . . .

(Engholm spricht mit Griewank.)

S i e b e n m a r k. Herr Wirt — ein Wort!

J a n. Zehn, Herr, kommen Sie man her — wenn Sie so freundlich sein wollen. *(Sie gehen hinter den Schanktisch.)*

E n g h o l m *(zu Voß, der noch beim Grog sitzt).* Es ist wirklich schrecklich, ich weiß mir nicht zu helfen. Was machen Sie?

V o ß. Abwarten, Herr, nehmen Sie sich an mir ein Beispiel, abwarten, bis die Welt von selbst besser wird. *(Es klopft oben wieder.)*

E n g h o l m. Ach ja — und das da oben auch noch, das hatte ich schon vergessen.

(Frl. Isenbarn tritt näher heran.)

V o ß. Ja, sehen Sie, der hat keinen Arzt und kein Bett im Vaterhaus wie Ihr Sohn.

E n g h o l m. Sollte er vielleicht Schmerzen haben?

V o ß. Fragen Sie ihn doch, aber seien Sie vorsichtig; ich hätte beinahe den Stiefelknecht an den Kopf gekriegt — er scheint ganz rabiat.

E n g h o l m. Er scheint aber doch Hilfe zu verlangen.

V o ß. Sicher, sicher! Gehn Sie doch hinauf.

E n g h o l m. Was denken Sie denn? Ich muß doch sehen, selbst zurecht zu kommen — sonst gern — wirklich.

F r l. I s e n b a r n. Wer ist es denn?

V o ß. Ein Osterlamm, Fräulein. Er zappelt aber noch — hat sich wieder aufgerappelt. Aber es kann jeden Augenblick wieder losgehen.

F r l. I s e n b a r n. Was kann wieder losgehen?

V o ß. Er ist doch selbst der Schütze — er braucht wohl zwei Kugeln.

F r l. I s e n b a r n. Und Sie haben ihm die Waffe gelassen? Sagen Sie doch — wie sieht er aus?

V o ß. Nicht appetitlich — hat im Dreck gelegen und sich gewälzt. Kragen ist los — und Blut — Blut, Fräulein!

F r l. I s e n b a r n. War es ein junger Mann?

V o ß. Aber gar kein Photographengesicht.

S i e b e n m a r k *(tritt heran)*. Du . . .

F r l. I s e n b a r n *(zu Voß)*. Warum lassen Sie ihn denn allein? Wie kann man das!

V o ß. Ja, wie kann man! Er schäumt, er spuckt, er stößt mit Füßen.

F r l. I s e n b a r n. Lassen Sie ihn doch.

V o ß. Die Sache war — er schämt sich vor mir — einen Augenblick heulte er vor meinen Augen. Das kann er mir nicht verzeihen, darum bleibe ich besser hier.

S i e b e n m a r k. Du, wir müssen uns schnell entschließen. Ich habe eben mit dem Wirt gesprochen. Er . . .

F r l. I s e n b a r n. Hast du gehört?

S i e b e n m a r k. Was?

F r l. I s e n b a r n. Von dem Menschen oben, der auf sich geschossen hat.

S i e b e n m a r k. Ja, der Wirt ließ schon etwas aus — also, paß auf, wir müssen zu Fuß los, der Dampfer bleibt vielleicht ganz aus; der Wirt hat mir versichert, es geht noch bei der Ebbe, wenn wir am Strand längs bis — na — kommen. Da wohnt der alte Mann, und von da — — —

F r l. I s e n b a r n. Ich höre oben, wie wenn jemand . .

E n g h o l m. Ich höre es auch.

V o ß. Jan seine Stimme, meine Herrschaften, weiter nichts — er will ruhige Gäste, das ist alles, er *kann* schimpfen, wenn es nötig ist.

S i e b e n m a r k. Ich bitte dich, wir können uns doch mit solchen Sachen nicht aufhalten.

V o ß. Er schimpft übrigens zurück, bitte!

S i e b e n m a r k. Na, sieh doch, er macht den Leuten noch Umstände obendrein. Ist übrigens ein gutes Zeichen, wenn einer noch Kurage hat, so zu schimpfen.

Griewank *(tritt vor).* Je, denn wär ich woll soweit . . .
Siebenmark. Ja, im Augenblick. *(Zu Frl. Isenbarn.)* Fertig bist du doch!
Frl. Isenbarn. Du, er hat seine Waffe noch oben,
das geht doch nicht!
Siebenmark. Es ist ziemlich unwahrscheinlich.
(Nimmt Frl. Isenbarn beiseite.) Auf alles dies können wir uns doch nicht einlassen.
Frl. Isenbarn. »Wir — uns«!
Siebenmark. Einerlei — wir können ihm ja nicht
einmal helfen. *(Die Gäste, darunter Frau Keferstein,
haben sich fertig gemacht und stehen mit Griewank
an der Tür.)* — Sieh doch, alle die Leute wissen, was
da oben los ist — und keiner kümmert sich darum.
Sie warten auf uns. Wir haben keine Wahl, denn
offenbar ist dem Dampfer etwas zugestoßen. Der
Wirt sagt auch, es ist das Beste, was wir tun können.
Frl. Isenbarn. Die? — Du, zu denen rechnen wir
— uns doch nicht!
Siebenmark. Wir — uns? Wir können froh sein,
daß wir's dürfen — morgen vormittag von hier fort-
zukommen, ist mir zu spät.
Engholm *(verzweifelt).* Gehen Sie auch, oder wollen Sie riskieren, daß am Ende der Dampfer doch
noch kommt? Was sagen Sie?
Siebenmark. Unbedingt losgehen!
Engholm. Dann wollen wir uns aber nicht aufhalten; kommen Sie doch!
Frl. Isenbarn. Der sagt auch: »wir uns«. Wer ist
das alles? Gefällt dir das? Mir nicht!
Siebenmark *(mit veränderter Stimme).* Und wenn
wir die Leute gehen ließen? Für heute wäre es dann
wahrscheinlich zu spät.
Frl. Isenbarn. Wir können ihnen leicht nachkom-
men.
Siebenmark. Gut. *(Zu Griewank.)* Gehen Sie immer zu, wir sind gleich fertig.

(Man grüßt und sie verschwinden. Engholm, Voß, Siebenmark und Frl. Isenbarn bleiben zurück.)

J a n *(kommt die Treppe herunter zu Thinka.)* De lütte Kirl smitt mi jo binah ut min eegen Hus rut.

F r l. I s e n b a r n. Was werden Sie denn weiter mit ihm machen?

J a n. Ich? Nee, Fräulein, das macht sich von selbst. Erst zwiebel ich ihn so lange, bis er einschläft, und denn pack ich mich dabei hin aufs Kanapee — aufhängen soll er sich heute nicht mehr.

S i e b e n m a r k. Da siehst du, wie gut er versorgt ist.

V o ß. Bravo, Herr, ganz gewiß; ihm muß wohl oder übel wohl sein. Ganz gewiß!

J a n. Je, Herrschaften, wenn Sie sich nu zu Ende besonnen haben ... ich kann Ihnen noch eine Latüchte mit auf den Weg geben, dann kommen Sie schneller nach. *(Ab.)*

E n g h o l m. Wenn Sie so freundlich sein wollen!

S i e b e n m a r k. Wenn es dich so quält mit dem Menschen, so will ich etwas mit dem Wirt verabreden; er soll wie mein Vetter gehalten werden, mehr verlangst du doch nicht? Wenn »wir — uns« seiner annehmen, dann muß es etwas Ordentliches werden. »Wir — uns« — — was?

(Jan mit Laterne.)

S i e b e n m a r k *(zu Jan, gibt ihm seine Karte).* Hier ist meine Adresse, was Sie für ihn da oben tun können, soll geschehen; Sie halten sich an mich — verstehen Sie?

J a n. Lassen Sie man, ich weiß schon, was ich zu tun habe.

V o ß. Ach was, machen Sie doch keine Flausen; es ist dem Herrn sein Vetter, er will was für ihn aufwenden, er kann sich's leisten.

E n g h o l m *(nimmt die Laterne).* So wollen Sie meine kostbare Zeit verschwenden? *(Weinerlich.)* Lassen Sie uns um Gottes willen gehen, ich bin ganz krank, kann ich Ihnen versichern, von dem, was Sie da reden.

28

S i e b e n m a r k. Laufen Sie doch zu — Verehrtester —, warten Sie nicht auf uns.

E n g h o l m. Aber warum soll ich zulaufen, wenn Sie noch stehen bleiben?

S i e b e n m a r k. Ich habe noch zwei Minuten Zeit, meine eigene Zeit, wissen Sie — nicht die Ihrige!
(Engholm eilig hinaus.)

S i e b e n m a r k *(zu Jan)*. Wenn etwas mit ihm passiert, mache ich Sie persönlich verantwortlich. Ich ersetze Ihnen Ihre Kosten.

J a n *(nimmt den Zettel)*. Je, Herr, wenn es denn nicht anders sein soll; aber wenn ich Sie nicht aufhalten tu, möcht ich wohl wissen, soll ich ihn morgen in Ihre Wohnung bringen, wenn er Ihr Vetter ist?

S i e b e n m a r k *(wütend)*. Er ist nicht mein Vetter, kein bißchen verwandt...

J a n. Meiner ist er auch nicht, das kann ich mit gutem Gewissen aussagen.

E n g h o l m *(sieht herein.)* Geht's rechts oder links, man sieht gar nichts mehr von den andern?

J a n. Gradeaus nach Osten, immer Osten!

E n g h o l m. Osten, wo ist hier Osten? *(Kommt herein.)*

J a n *(zeigt gegen die Wand)*. Da raus — und denn — stromauf!

E n g h o l m *(trocknet die Stirn)*. Stromauf — wie soll ich bei der Dunkelheit... Wollen Sie mir nicht lieber sagen, ob ich rechts oder links gehen soll, wenn ich draußen bin?

S i e b e n m a r k *(abschneidend)*. Also jede persönliche Belästigung verbeten, sagen Sie es ihm *(mit Gebärde nach oben)* auch. Ich verpflichte Sie dazu — sonst...

F r l. I s e n b a r n *(nimmt die Karte aus Jans Händen und steckt sie ein)*. Sie haben sich verhört... Wie können Sie denken, daß *wir* — *uns* so belästigen lassen. *(Zu Siebenmark.)* So, nun bin ich fertig. *(Geht bis zur Schwelle.)*

S i e b e n m a r k. Was war das — wieso, Beste? Sage mir — ist der Mensch da oben nicht eigentlich tot? Es war doch wohl sein Wille? Du dringst sonst immer aufs Geistige und machst ein solches Wesen aus diesem Zufalls-Dasein — ist dieser Rest noch ein Mensch? Was hat ein Lebender mit ihm zu schaffen; sein Leben kann ihm doch selbst nichts wert sein!

F r l. I s e n b a r n. Entsetzlich — was du da sagst.

S i e b e n m a r k. Was hast du — du zitterst, setz dich.

F r l. I s e n b a r n. Weißt du, das hat die ganze Zeit in mir geraunt, und nun machst du es mit deinen Worten hörbar.

S i e b e n m a r k. Na sieh! Man muß nur vernünftig sein — willst du etwas trinken?

F r l. I s e n b a r n. Etwas Wasser — bitte, gehen kann ich momentan nicht.

S i e b e n m a r k. Es wird sich geben.

F r l. I s e n b a r n. Nein, nein, das war ein Stoß!

E n g h o l m *(zu Jan).* Bringen Sie schnell ein Glas Wasser, Mensch! Sehen Sie nicht, daß wir sonst überhaupt nicht wegkommen?

(Jan eilt fort.)

F r l. I s e n b a r n. Kann das Leben so zur Krankheit werden, daß man dagegen wütet? Wie? Und macht es nur schlimmer damit? Nein! Nein! *(Setzt sich, stampft mit den Füßen.)* Nein, es kann nicht, es darf nicht — aber — du sagtest es doch auch: leben müssen kann schlimmer sein als sterben müssen?

S i e b e n m a r k. Wie — oh — so hab ich's ja nicht gemeint ...

F r l. I s e n b a r n. *Wir* haben *uns* eben nicht richtig verstanden. Du mußt mir aber Zeit gönnen, gehen kann ich jetzt nicht.

(Jan mit Wasser.)   [Wasser.

S i e b e n m a r k *(nimmt das Glas).* Da nimm etwas

F r l. I s e n b a r n. Laß doch, ich mag jetzt nicht.

E n g h o l m *(zu Voß).* Sie mag nicht — in solchem Augenblick zu warten, bis man Wasser trinken mag!

S i e b e n m a r k *(sieht auf Engholm und lächelt leise).* In solchen Lagen müssen *wir uns* zu fassen wissen — wenn Sie wüßten, was es mir bedeuten kann, morgen früh — — hier — abzuwarten.

30

IV

*Enger Vorplatz zu den Stuben des oberen Stockwerkes.
Ganz vorn mündet die Treppe nach unten, die so ge-
wunden ist, daß man die Köpfe beim Heraufsteigen
einen Augenblick von vorn sieht; erst weiter oben erscheint der Heraufsteigende seitlich. In der Hinter-
wand ist die Tür zu Hans Ivers Zimmer, eine andere
Tür befindet sich in der rechten Wand zwischen Treppe
und Hintergrund. Links verliert sich der Blick im
Dunkeln; da beginnt der Bodenraum des Anbaues zum
Hause; man ahnt schräge Dachbalken, auf Sparren
liegende Dachpfannen. Allerlei Gerümpel leuchtet auf,
wenn Licht vorbeigetragen wird; der Schornstein von
der Küche steht halbversteckt wie eine wackelige Säule.
Engholm kommt mit einem Licht die Treppe herauf, in
diesem Augenblick öffnet sich die hintere Tür, und Hans
Iver, notdürftig gereinigt, bemüht, unverdächtig drein-
zuschauen, kommt heraus und will an Engholm vorbei
niedersteigen.*

E n g h o l m. Kann ich Ihnen vielleicht mit irgend etwas
dienen?

I v e r. Danke, sehr liebenswürdig — aber — danke
wirklich. *(Will gehen.)*

E n g h o l m *(vertritt ihm schüchtern den Weg).* War
Ihnen nicht unwohl vorhin?

I v e r. Nur vorübergehend — es geht besser.

E n g h o l m. Etwas vorsichtiger müßten Sie vielleicht ...

I v e r. Aber — mein Herr, ich kenne Sie gar nicht.

E n g h o l m. Mein Name ist Engholm.

I v e r *(stellt sich vor).* Buttermann — hat mich sehr
gefreut, Herr Engelmann. *(Gibt ihm die Hand und
beginnt niederzusteigen.)* Ich will zum Dampfer.

E n g h o l m. Das wird nicht angehen, wir können
nämlich alle nicht fort vor morgen früh — wahrscheinlich.

I v e r. Ach was, ich habe mein Retourbillett in der
Tasche.

E n g h o l m. Sie mißverstehen mich; dem Schiff ist

offenbar etwas zugestoßen, wir müssen schon dableiben.

I v e r. Sie vielleicht — ich nicht.

E n g h o l m. Machen Sie keinen Unsinn, Sie können ja nicht mal die Treppe hinunter.

I v e r. Haben Sie vielleicht Gelder in meinen Beinen angelegt? Na, also was ängstigen Sie sich wegen meiner Schinken!

E n g h o l m. Sie schwanken!

I v e r. Einbildung!

E n g h o l m. Sehen Sie, ohne mich wären sie gestürzt.

I v e r. Na, denn hilft es nicht — bringen Sie mich in Nummer sicher.

E n g h o l m *(geleitet ihn ins Zimmer, von dem man einen Teil des Bettes, Stühle, einen Spiegel sieht).* Wollen Sie sich nicht legen?

I v e r *(sitzt).* Nicht nötig — aber wenn Sie mir irgendeine Kleinigkeit verschaffen könnten — heiß und kräftig?

E n g h o l m. Einen Grog — was?

I v e r. Hören Sie nichts? Ihr Herz knarrt wohl nie? Grade so, als ob irgendwo ganz weit fort Krähen um einen Kirchturm fliegen — ja, besorgen Sie mir Grog.

E n g h o l m. Natürlich, das ist das richtige. *(Er kommt nach vorn und beginnt herabzusteigen, halb verschwunden hört er den Schlüssel im Schloß drehen, die Tür ist zu. Er kommt zurück.)* Herr ... Buttermann — bitte noch ein Wort. *(Stille.)* Hören Sie doch — machen Sie keinen Unsinn, was soll das bedeuten! *(Stille.)* Um Gottes willen, machen Sie auf!

I v e r *(drinnen).* Hab keine Zeit!

E n g h o l m. Aber warum schließen Sie sich ein? *(Er rüttelt an der Tür — verzweifelt.)* Daß gerade mir so was passieren muß! Aufgemacht! Verstanden! *(Stille. Er versucht durchs Schlüsselloch zu schauen, rennt dann hastig zur Treppe, ruft.)* Herr Wirt! *(Wartet und geht halb hinab.)* Der Wirt soll mal schnell kommen, es gibt ein Unglück!

(Siebenmark erscheint mit Frl. Isenbarn.)

E n g h o l m *(weist auf die Tür).* Er hat sich ein-
S i e b e n m a r k.   [geschlossen.
Sonst nichts? Sie sind ja ganz außer sich!
E n g h o l m. Ich habe durchs Schlüsselloch ...
S i e b e n m a r k. Was macht er denn?
E n g h o l m. Ich konnte nichts deutlich erkennen —
wo ist der Wirt?
S i e b e n m a r k. Seine Frau holt ihn, er war zu den
Schweinen in die Scheune gegangen.
E n g h o l m. Hören Sie doch!
S i e b e n m a r k. Ich weiß nicht, was das bedeuten
kann. Sehen Sie doch einmal nach, ob da nicht irgend-
ein Instrument ist — eine Brechstange oder so was.
Seien Sie doch nicht so fahrig, man wird ja ganz
nervös dabei.
E n g h o l m *(sucht im Bodenraum mit dem Licht und
stößt dabei auf den schönen Emil, erschrickt und beleuchtet ihn. Es ist eine überlebensgroße, stark ge-
stopfte Kleiderpuppe, Kopf aus grauem Sackleinen
mit gemalten Augen, ein Kork als Nase, Brille aus
Draht, Heu als Bart und Haar, in die Handschuh-
finger sind Stöckchen gesteckt. Er faßt ihn an und
läßt ihn fallen. Dann stößt er ihn mit den Füßen
auf den Vorplatz).* Mein Gott, was für ein Ungetüm!
Ein Gespenst!
J a n *(kommt eilig herauf, faßt den Türdrücker an und
ruft).* Sie kriegen das Fenster doch nicht auf, hab's
von außen zugestellt, Herr; *(zu den andern)* ich sah
ihn vom Hof am Fenster Männchen machen. Das
gibt so'ne Gäste, die wollen hoch hinaus. *(Ruft hinein.)* Bleiben Sie man binnen, sonst verkühlen Sie
sich noch Ihre vier Buchstaben.

*(Es wird aufgeschlossen. Jan öffnet. Man sieht Iver auf
einem Stuhl sitzen. Jan und Engholm treten ein, Siebenmark und Frl. Isenbarn bleiben an der Tür.)*
J a n *(rüttelt am Fenster).* Sehen Sie woll? Diese Tür
sagt: nee — ich hab ihr auch 'nen kleinen Wink
mit'm Zaunpfahl gegeben.

I v e r *(deutet auf Siebenmark).* Vielleicht Ihr Herr
Kollege, Herr Engelmann? *(Zu Siebenmark.)* Mein
Name ist Buttermann.
S i e b e n m a r k *(tritt näher).* Siebenmark!
I v e r. Sie kommen mir bekannt vor, übrigens könnten
Sie Zwieback heißen. Nach Ihren zwei Backen zu
urteilen, heißen Sie so — ist da nicht noch jemand?
S i e b e n m a r k. Die Dame?
I v e r. Die Dame? Die Dame will offenbar im Schatten
bleiben und hat ganz recht — — nein — wer lungert
da hinten auf der Diele — noch ein Kollege, Herr
Engelmann?
E n g h o l m. Engholm — Engholm — nicht Engel-
mann. Der da hinten — *(Zum Wirt.)* Holen Sie das
Monstrum doch mal her, daß Herr Buttermann sich
beruhigt.
J a n. Das ist man der schöne Emil — wenn die Herrschaften 'n büschen Gesellschaft haben wollen —
(schleppt den schönen Emil herein) — er ist bloß
aus Lumpen.
I v e r. Dann ist die Gesellschaft ja vollständig.
J a n. Er ist nicht so schlecht, wie er aussieht, hat meist
Korken im Leib, im Kopf Stroh — da waren vorig
Jahr ein paar Maler, die kamen alle Wochen und
hatten so ihren Spaß miteinander; die haben den
schönen Emil aufgebaut. Dann ließen sie ihn am
Sonnabend vor Pfingsten ins Wasser, und da meinten
die Herrschaften am Strand beim Kaffeetrinken, es
käm eine Leiche geschwommen, und haben ein Boot
geholt und den schönen Emil geborgen.
I v e r. Warum heißt er denn der schöne Emil?
J a n. Unser Kellner hieß Emil, und Stine, Stine is hier
das Mädchen bei uns, Stine sagte, daß er ebenso
schön wäre wie unser Emil. Nu heißt er ein für alle
Mal der schöne Emil. Er kann sitzen — sehn Sie
woll? *(Er setzt den schönen Emil auf den Stuhl.)*
I v e r. Er soll bei mir sitzen; wenn er wirklich Korken
im Leibe hat, ist er nur von außen ein Lump, ich
wollte, ich wäre ihm ähnlich darin. *(Zu Engholm.)*

34

Sie wollten doch Grog besorgen; *(zu Jan)* oder wollen Sie nicht vielleicht etwas Getränk heraufschaffen? Vielleicht nimmt Herr Zwieback auch ein Glas? Und wenn die Dame nicht zu stolz ist . . .

S i e b e n m a r k *(wechselt Blicke mit Frl. Isenbarn).* Du wirst sehen — — wir wollen nicht stolz sein.

(Frl. Isenbarn setzt sich von außen an die Tür. Jan verschwindet.)

I v e r. Mir scheint, wir sind eine recht gemütliche kleine Ecke zusammen — kein Spielverderber dabei?

S i e b e n m a r k. Haben Sie keine Angst.

I v e r *(zu Engholm).* Was sagen Sie denn zu unserem schönen Emil, wollen Sie ihm keine Handschellen anlegen? Sie haben doch so was bei sich?

E n g h o l m *(holt seine Karte hervor).* Überzeugen Sie sich gefälligst davon, daß ich kein anderer bin, als ich sage, wenn das Sie beruhigen kann.

I v e r *(liest).* Dr. Karl Engholm, Chemiker. Danke, aber wie soll mich das beruhigen? Haben *Sie* schon mal jemand umgebracht?

E n g h o l m. Auf jeden Fall habe ich keine Handschellen mit und erfülle keine andere Mission, als Sie vor Ihrer eigenen Unruhe zu beschützen.

S i e b e n m a r k. Wir wollen doch keine Bekenntnisse erlauern oder Sie aushorchen. Aber wenn Sie sich von einer Last befreien wollen, so finden Sie bei uns allseitig gute Gesinnung und Verständnis.

I v e r. Gute — was? Könnte es nicht ebenso leicht sein, daß ich nicht im geringsten etwas ausgefressen hätte? Aber nein, natürlich — — Sie haben recht.

S i e b e n m a r k. Wie Sie wollen. Aber nach dem, was wir von Ihnen wissen, wäre es vielleicht das beste, sich uns anzuvertrauen.

(Jan kommt mit einem Brett voll dampfender Gläser.)

I v e r. Ich will Ihnen mal was sagen, Herr Zwieback — wieso anvertrauen? *(Hastig abwehrend.)* Ich weiß, ich weiß, um Gottes willen, ich weiß alles, was Sie in zehn Jahren explizieren können — aber das ist es eben, die paar Worte reichten völlig aus; das

dickste Vertrauen zwischen uns ist eine ebenso gute
Erfindung, wie ein Notenband für Singvögel. Sie
pfeifen doch jeder, wie ihm der Schnabel gewachsen
ist — na ja — das ist Grog, geben Sie herum,
immer rum.

Jan *(indem er jedem ein Glas gibt).* Die reisige Dame
ist auch wieder da.

Engholm. Wer?

Jan. Die Frau, wissen Sie — na, Sie wissen doch —
die Frau. Sie ging mit oll Griewank und den andern
Herrschaften ab — is ihr unterwegs zu wässerig geworden, nu will sie die Nacht über bei uns bleiben
— na, der Herr wird's woll nicht übelnehmen, daß
ich für den schönen Emil auch was mitgebracht hab,
wir trinken beide aus einem Glas. Gute Gesundheit
auch, und daß Sie sich allesamt die Nacht in meinem
Hause gut bekommen lassen.

(Es wird angestoßen.)

Siebenmark. Wieso, Herr Buttermann — es würde
mich interessieren, warum wir nicht vertraulich zusammen pfeifen können.

Iver. Seit wann Buttermann, bitte?

Siebenmark. Sie heißen also nicht Buttermann?

Iver. Wie käme ich dazu — ich?

Siebenmark. So haben Sie eine kleine Unwahrheit
beliebt — regen Sie sich nicht auf — eine Bagatelle
offenbar.

Iver. Buttermann ist tot.

Siebenmark. Wenn Sie nur ein wenig Vertrauen
haben wollten, könnte ich Ihnen das ganze Totsein
in einer Viertelstunde ausreden.

Iver. Daß die Leute einen immer für ihresgleichen
halten — Buttermann!!

Siebenmark. Darf ich fragen, wenn Sie durchaus
kein banaler Buttermann sein wollen — was für
einer Sie dann sind, oder besser, was für einer Sie
sein möchten?

Iver. Haben Sie nicht auch manchmal lichte Momente,
Herr Zwieback?

Siebenmark. Wieso — wann?

Iver. Na, überhaupt. Ich setze voraus, daß Sie wissen, was für ein verarmtes — verbuttertes, verbohrtes Ding Sie sind. Das darf ich doch voraussetzen? Wie?

Siebenmark. Setzen Sie alles voraus.

Iver. Nun gut, haben Sie nicht manchmal Momente, wo Sie verarmter Vetter den hohen Herrn in seinem Glanz vorüberfahren sehen? Das heißt: Sie spüren's in sich, als käme Ihnen etwas nahe, von dem ein Verwandtes zu sein Ihnen wißbar wird. Und das Herz stockt Ihnen, Sie schnappen nach Luft, und Sie brüllen wie ein Vieh auf in Ihrem Elend. Sie — Herr Zwieback — — brüllen Sie nicht auch manchmal über Ihr Elend?

Siebenmark. In meinem Elend als verarmter Vetter eines hohen Herrn?

Iver. Richtig. Sagen Sie ja, und so will ich Vertrauen zu Ihnen fassen.

Siebenmark (schlägt dem schönen Emil auf die Schulter). Bravo, das ist die einzig richtige Antwort!

Iver. Wieso, was sagt er?

Siebenmark. Er schweigt still dazu, offenbar gründlich verdutzt — es ist doch ausgemacht, daß er zur Gesellschaft gehört, wie? Er hat selbstverständlich Sitz und Stimme.

Iver. Ihre Meinung ist also gleich der eines Strohkopfes?

Siebenmark. Ganz gewiß; besser ein voller Strohkopf als ein leerer Klingelbeutel.

Iver. Klingelbeutel? Das wäre also mein Fall — — kann sein — ja — leer, ganz leer, unpositiv, negativ — aber doch voll Gier und Hoffnung. Aber was kann ein Strohkopf noch hoffen, er hat ja seine Füllung! (Zu Engholm.) Gebildete Unterhaltung, was?

Engholm. Ich hab nicht zugehört.

Iver. Sie haben wohl bessere Sachen zu denken?

Engholm. Ich muß immerfort daran denken, wie es meinem Jungen gehen mag. Je klügere Sachen Sie sagen, desto dümmer kommen Sie mir vor; *(wütend)* die ganze Erlöserei ist ein himmelschreiender Mumpitz!

I v e r. Haben *Sie* schon jemand umgebracht?

E n g h o l m. Na, Sie vielleicht?

I v e r. Pst! Es ist nicht von mir die Rede. Niemands Gewissen ist wohl ganz frei von einem kleinen Mord.

E n g h o l m. Ach, was für Zuspitzereien!

I v e r. Haben Sie ein ganz reines Gewissen? Na, Sie wollen's ja nicht sagen, aber ist immer alles ganz nobel hergegangen?

E n g h o l m. Sie sprechen ja von einem kleinen Mord!

I v e r. Ja, mit dem Beil habe ich auch niemand umgebracht. Finden Sie nicht, daß niemand jemand als Seinesgleichen behandeln darf, ohne einen kleinen Mord zu begehen? Ach was — Papperlapapp — der Klingelbeutel geht um. Austrinken! Wir trinken noch eins, Herr Wirt!

(Jan mit den Gläsern ab.)

S i e b e n m a r k *(zu Frl. Isenbarn).* Wenn es dir zu kalt wird — Beste, mußt du es sagen.

(Frl. Isenbarn überhört die Anrede.)

(Man hört Jan unten mit Frau Keferstein sprechen. Sie kommen die Treppe herauf.)

F r a u K e f e r s t e i n. Ach Gott, ich bin klatschnaß, Fieber habe ich sicher.

J a n *(zeigt auf die verschlossene zweite Tür).* Das Zimmer ist schon für die Herrschaften — dann haben wir bloß noch dieses andere. *(Weist in die Stube.)*

F r a u K e f e r s t e i n *(kommt näher).* Ich habe regelrechten Schüttelfrost. *(Posiert.)* Ich kann Ihnen gar nicht sagen, was ich ausgehalten habe; immer bis über die Waden durch Wasser! *(Zeigt die Waden.)* Wenigstens trocknes Fußzeug darf ich mir doch eben mal anziehen, nicht? Die Wirtin wollte so gut sein ...

S t i n e. Frau Timmermann schickt die Strümpfe, und die gnediche Frau möchte man gleich zwei Paar überziehen — und hier sind die Tüffeln. *(Setzt ein Paar Holzpantoffeln nieder.)*

Frau Keferstein. Da rein? Herr du meines Lebens! Na, denn erlauben Sie woll einen Augenblick. *(Verschwindet im anderen Zimmer.)*

Jan *(mit Siebenmark beiseite).* Sie können ganz ruhig sein, Herr, die Tante soll Sie nicht stören. Dafür lassen Sie mich man sorgen. Alles in Ordnung.

Frl. Isenbarn *(steht auf).* Ich will gute Nacht sagen.

Siebenmark. So früh, kannst du schon schlafen? Warte doch wenigstens so lange, bis sie drin fertig ist; wir wollen noch einen Augenblick hinuntergehen.

Jan. Das Fräulein hat sicher ihren Nachbarn im Magen, so was liegt fester als ein Stück Spickaal.

Siebenmark. Glauben Sie, daß er wirklich verwundet ist? Ich glaube, er spielt sich auf, Größenwahn oder so was.

Jan. Na, wenn ich sagen soll, mein ich woll, daß er irgendwas bei sich hat, was nich dahin gehört. Aber wenn er weiter trinkt, wird er bald still sein — wenn Sie also sonst nicht bange sind, *(listig)* vor ihm brauchen Sie keine Angst zu haben. *(Geht ins Zimmer zu Iver.)*

Frl. Isenbarn. Was heißt das?

Siebenmark. Er ist ein Tölpel; aber ich habe es zu verantworten, das ist keine Frage. Mein Risiko! Es waren ganz grobe Anspielungen, die du ihm nicht anrechnen darfst. Ja, das Zimmer ist unseres — versteh es und entscheide!

Frl. Isenbarn. Aber wohl nicht in dieser Minute.

Siebenmark. O doch! In dieser Minute! Mit einem Wort kannst du alles auslöschen, das sich heute zwischen uns geschoben hat. Kannst du zögern?! So wie du konnte noch nie jemand mit einem Hauch Böses in Gutes verwandeln.

Frau Keferstein *(erscheint in Holzpantoffeln, das Haar aufgelöst, ohne Taille, in bloßen Armen, ein Tuch über den Schultern; kreuzvergnügt, trampelt zur Übung tüchtig auf, ins Zimmer zu Hans Iver).* Wenn Sie für eine arme alte Frau noch einen Platz haben — unten kann ich mich so nicht sehen lassen.

(Sieht den schönen Emil.) Herrgott, was ist das für einer? Wenn heut abend noch getanzt wird, soll er mit mir tanzen. *(Gibt Iver die Hand.)* So ist's recht; nicht umbringen lassen. Ich setz mich aufs Bett, wenn Sie erlauben.

J a n *(zu Frau Keferstein).* Ihre Sachen lang ich zum Trocknen in die Küche. *(Geht ins Zimmer, um die nassen Kleidungsstücke zu holen.)*

F r l. I s e n b a r n. Lassen Sie auf, ich will gleich hinein.

J a n *(verdutzt).* Fräulein scheinen aber mächtig müde zu sein...

F r l. I s e n b a r n *(zu Siebenmark).* Laß ihn doch der Frau — *(mit Hinweis auf Frau Keferstein)* — bedeuten, daß ich heute entschieden... in dem Zimmer...

S i e b e n m a r k. Du willst auf keinen Fall von niemand gestört werden — versteh ich recht?

F r l. I s e n b a r n. Ja, sei so gut und denk daran. Bis morgen früh — auf keinen Fall. Gute Nacht!

S i e b e n m a r k. Gute Nacht — aber du hast kein Abendbrot gehabt —

(Frl. Isenbarn winkt ab und schließt.)

J a n *(zu Siebenmark, indem beide langsam die Treppe hinabsteigen).* Im Katechismus steht: »aber denen, so mich lieben und meine Gebote halten, will ich wohltun.« Da dacht ich als Jung, das war noch in der Dänenzeit: worum woll grade die Dänen ihn so lieben und seine Gebote halten. Sehn Sie, Herr, in den Frauen stecken ebensoviel Geheimnisse als im Katechismus — man kümmt äwer mit de Tid dorachter, damit trösten Sie sich man. *(Beide verschwinden.)*

F r a u K e f e r s t e i n. Wenn Fräuleins sich wie Frauen aufführen, warum soll sich eine Frau nicht wie ein Fräulein aufführen?

I v e r. Ist Ihr Mann unten?

F r a u K e f e r s t e i n. Sie phantasieren woll — — mein Mann?

I v e r. Ja, der mit Ihnen in der Heide war.

40

Engholm. Die Dame ist wirklich ganz allein unterwegs. Ich weiß es bestimmt.

Iver. Sehn Sie den Zeigefinger?

Frau Keferstein. Ihren?

Iver. Nein — da — da — überall. Sind Sie nicht eine ehrliche Frau? Aber drei Leute wissen's besser — nämlich der Mann, den ich mir in der Heide phantasiert habe und der mich mit durch den Sand trug ...

Frau Keferstein. Der sagt nichts weiter — etsch!

Iver. Und ich — ich sage auch nichts.

Frau Keferstein. Und der Dritte?

Iver. Sie selbst!

Frau Keferstein. Na, die sagt erst recht nichts weiter.

Iver. Aber sagen Sie wenigstens, ist Ihre Ehrlichkeit nicht eine schöne Leiche? Der Zeigefinger zeigt auf Leichen — sehn Sie noch nichts? Aber vor Gericht müssen Sie mit, da kann nichts helfen. Der Herr — *(zeigt auf Engholm)* — ist nämlich ein Geheimer und nun hat er mich endlich.

Frau Keferstein. Nein, haben Sie mit so was zu tun? Das kann lustig werden, aber so weit sind wir noch nicht; was soll ich denn dabei, ich weiß nichts! Gott, was ich für Fieber hab, fühlen Sie bloß meine Backen! Haben Sie Angst?

Iver. Sie sollen nur dafür zeugen, daß Sie mich in der Heide getroffen haben, oder ich Sie — — und wie!

Frau Keferstein. Was haben Sie verbrochen?

Iver. Einer Maus den Schwanz abgetreten.

Frau Keferstein. Ich fürchte, der Mausschwanz hüpft in Ihrem Kopfe und rührt alles durcheinander. Trösten Sie sich man, sehen Sie mal in den Spiegel, was für ein fixer Bursche Sie sind.

Iver. Im Spiegel, pfui! Da stehen sie und fletschen die Zähne und fauchen; bist du, bist du selbst. Das sind unsere Spottschatten, im Spiegel, das sind die Burschen, über die die Sonne Gallenbrechen bekommt.

Frau Keferstein. Himmlisch!

Iver *(zu Engholm)*. Wo soll ich schlafen, ich muß

`ruhen; Schmerzen, daß ich's kaum ertrage. Bitte, Herr Kommissar, schaffen Sie mir Linderung.

E n g h o l m. Wollen Sie nicht bleiben, wo Sie sind?

I v e r. Sie haben zu befehlen.

E n g h o l m (seufzt). Ja, du kleiner, kranker Mute, wenn ich doch bei dir wäre.

I v e r. Mute heißt er?

E n g h o l m. Hellmut, wir sagen Mute.

F r a u K e f e r s t e i n. Gott, wie traurig — aber fühlen Sie mal, was für einen Puls ich hab, ich erkälte mich bis auf den Tod, wenn ich kein ordentliches Bett kriege; ich muß unbedingt tüchtig in Schweiß kommen.

I v e r. Sollte der Zeigefinger Ihnen Molest machen? Na — ich habe nichts gesagt. Natürlich wollen Sie mein Bett haben. Entschuldigen Sie, daß ich ausspucke, aber ich habe einen widerwärtigen Geschmack auf der Zunge.

F r a u K e f e r s t e i n. Wonach?

I v e r. Nach zuviel Gewäsch! Ist es abgemacht, Sie behalten das Zimmer?

F r a u K e f e r s t e i n. Wenn Sie sich danach fühlen ...

E n g h o l m. Bester Herr ...

I v e r. — — Haben Sie nichts zu rauchen? Ich muß den faden Geschmack von mir selbst los werden. Wir wollen der Dame und ihrer ehrlichen Leiche das Zimmer räumen. Sie müssen gut schlafen — unbedingt — beide. (Sie treten auf den Vorplatz.)

E n g h o l m (raunend). Es ist aber eine ganz unangebrachte Rücksicht.

I v e r. Ich ertrag's nicht länger. Madam kommt mir vor wie ein Hunderttalerpferd: bum, bum — bum — aber unterm Bauch als Gewissen eine zahnlose Laus. Wohin geht der Weg?

E n g h o l m. Ich bin ganz ratlos.

F r a u K e f e r s t e i n. Aber dies schreckliche Mannsbild kann ich nicht hier behalten — ich würde kein Auge zutun.

I v e r. Selbstverständlich, der gehört zu uns — bitte

nur rausschmeißen, immer raus. *(Der schöne Emil fliegt hinaus.)* Wie wär's, wenn wir uns gleich rechter Hand niederließen? Ist das nicht ein Schornstein? Schön warm, weiß Gott — und auch sonst gar keine üble Bude, was meinen Sie?

E n g h o l m. Da scheint ein lahmer Lehnstuhl zu sein, auf dem hat der schöne Emil gesessen.

I v e r. Sehr gut, aber staubig — und der Wind klappert mit den Dachpfannen, hören Sie mal. *(Setzt sich.)* Grade wie der dicke Dr. Welt schnaufte, wenn er einem sein Ohr auf die Brust legt, und schnauft und horcht und schnauft. Er ist tot, aber er war wie die Welt selbst, wild und nicht draus klug zu werden. Aber, wenn ich solchen Wind höre, denke ich immer, das könnte nun der Doktor sein, der Weltdoktor, der horchen will — — schaffen Sie doch endlich etwas zu rauchen.

V

Derselbe Ort, nur ist es ein wenig später. Hans Iver sitzt rauchend zwischen dem Schornstein und dem Dach im schiefen Lehnstuhl. Der schöne Emil rekelt sich auf der Erde. Frau Kefersteins Tür ist geschlossen, ebenso Frl. Isenbarns. Von unten hört man Wirtschaftsgeräusche.

F r a u K e f e r s t e i n *(aus der Tür, wie vorher, in Holzpantoffeln, losen Haaren, Schultertuch und nackten Armen)*. Na, so allein?

I v e r. Nicht ganz, hier gibt's nämlich Ratten; vorhin schnupperte eine an Ihrer Tür — solch ein Untier! *(Zeigt.)*

F r a u K e f e r s t e i n. Und da sitzen Sie so ruhig bei?

I v e r. Sie schwatzen ja nicht.

F r a u K e f e r s t e i n. Und wo ist der...

I v e r. Der Herr Kommissar? Der holt von unten Eis für mich, oben gibt er mir zu rauchen, unten soll ich in Eis — ein halber Doktor, wissen Sie —

F r a u K e f e r s t e i n. Aber Sie entbehren ein Kissen

— ich brauch es wirklich nicht, nehmen Sie's ruhig an! *(Holt es.)* So, kommen Sie mal hoch; ich kann nicht einschlafen, da will ich lieber noch einen Kaffee trinken und auch mal nach meinen Sachen sehen. Ist es so besser? Es ist gar nicht so übel hier.

I v e r. Rauchen Sie?

    (Frau Keferstein nimmt eine Zigarette.)

I v e r. Sehn Sie, da ist die dicke Ratte wieder.

F r a u K e f e r s t e i n. Ekelhaft.

I v e r. Na — so ein Rattenleben ist als Musik keinen Ton schlechter als Ihres: sucht ihren Fraß und ihr Vergnügen — —.

F r a u K e f e r s t e i n. Ich meine, daß Sie ja wohl auch Ihren Fraß und das andere suchen.

I v e r. Ja, ja, das schon! Aber gerade darum, weil ich zu denen gehöre, die sich davor ekeln — —

F r a u K e f e r s t e i n. Was — darum?

I v e r. Ach, das geht Sie ja nichts an.

E n g h o l m *(kommt mit einer Schüssel voll Eis die Treppe herauf).* Da lief mir eine Ratte vorbei — man konnte glauben, sie wäre hundert Jahre alt.

I v e r *(zu Frau Keferstein).* Beneidenswert — was? Hundert Rattenjahre!

E n g h o l m. Als Junge auf dem väterlichen Hof schoß ich sie massenweise.

I v e r. Bravo! Pulver und Blei ist die beste Medizin gegen die Rattenplage. Wer was besseres ist, hat das Recht dazu!

F r a u K e f e r s t e i n. Ich versteh schon, was Sie mei-
I v e r. Na?   [nen.

F r a u K e f e r s t e i n. Sie meinen sich selbst, ich muß aber sagen: danken Sie Gott, daß Sie nach dem Schuß in Ohnmacht fielen, selbst Rattenleben lohnt sich.

I v e r. Das sagen natürlich alle; auch die Menschen sagen: es lohnt sich. *Aber denken Sie mal an die, die sich vor uns ekeln, wie Sie sich vor den Ratten — —* hm? wie? Es sieht nett aus, wie Sie durch die Nase rauchen. Ihr Hals verrät übrigens Ihre Jahre, ziehen Sie doch was an.

Frau Keferstein *(zu Engholm).* Sind da unten noch Leute?

Engholm. Natürlich, es ist sogar ganz lustig. Sie holen grade das Grammophon heran. Gebet aus Lohengrin wird die erste Platte.

Frau Keferstein. Dann will ich schnell sehen, daß ich noch einen Kaffee kriege. *(Ab.)*

Engholm *(zu Iver).* So — nun zeigen Sie mal her.

Iver. Was?

Engholm. Ich will Ihnen doch Eis auflegen. Knöpfen Sie auf, und lassen Sie's sehen. *(Setzt das Licht heran und rückt einen Kasten zum Sitzen näher.)*

Iver. Wenn Sie wüßten, was das heißt: Zeigen! Wer weiß, wie es aussieht — ich weiß es ja selbst nicht mal.

Engholm. Aber, wenn man Sie morgen ins Krankenhaus bringt?

Iver. I — Gott bewahre! Nein, lassen Sie es — basta — Hände weg! Was wollen Sie, ich bin fast gesund, der Schuß sitzt miserabel, von Fieber, denk ich, hab ich keine Spur und fast keine Schmerzen mehr — nur das Herz läuft wie besessen.

Engholm. Na, sagen Sie nur, ich meine im Ernst, was haben Sie denn gemacht? Ich traue Ihnen nämlich zu, daß Sie vor lauter Idealismus mit einer kleinen Sache großen Schaum schlagen. Tun Sie sich nicht sozusagen etwas dick mit Ihren Sachen?

Iver. Vollständig, Herr Chemiker, ich habe eine minimale Pille Blausäure im Leibe.

Engholm. Ja, Sie bilden sich am Ende nur ein, daß es Blausäure ist.

Iver. Eben — es kommt auf das gewisse Eingeweide Gewissen an, was das dazu sagt.

Engholm. Sie müssen mittlerweile eingesehen haben, daß wir Ihnen nicht auf den Hacken sind. Bitte: so wahr ich den Mute morgen lebendig zu sehen hoffe, jeder Pulsschlag ein Protest gegen die Möglichkeit vom Gegenteil — so wahr ist es, daß wir Sie nicht verfolgen.

45

I v e r. Begangen habe ich natürlich was, hm?

E n g h o l m. Bester Herr, das ist doch wohl die nächstliegende Annahme.

I v e r. Eine kleine Lumperei — nicht?

E n g h o l m. Die sich erklären, gutmachen und bürgerlich auslöschen ließe . . .

I v e r. Erklären — verstehen — eben!

E n g h o l m. Nun sagen Sie aufrichtig: wenn es nun wirklich doch nicht so schlimm ist mit Ihrem — na, sagen wir — Verbrechen, das heißt: Sie werden nicht verfolgt, Sie sind nicht sträflich im Sinne des Gesetzes — was macht dann Ihre Selbstverurteilung? Sie mausert sich, na, sehen Sie, Sie stutzen und geben mir recht!

I v e r. So — also wäre mein ganzes Motiv — Angst?

(Man hört von unten das Grammophon: Gebet aus Lohengrin.)

E n g h o l m *(hält sich die Ohren zu)*. Ich hab nämlich ein bißchen Musik-Gewissen im Leibe — und nun diese Pille Blausäure — was sagen Sie — Angst? Mein Gott, ich denke so: Etwas ist bei Ihnen los, und wenn es keine unglückliche Liebe ist, so kann es nur ein dummer Streich sein. Und vor dessen »Folgen«, wie man sagt, reißen Sie aus — — ein bißchen weit.

I v e r. Was anderes gibt es einfach nicht — was?

E n g h o l m. Nun, was zum Beispiel? Oder haben Sie Verluste gehabt? Sie sind doch wohl kein Geschäftsmann?

I v e r. Wie Sie den Kern zu treffen wissen! Auf was sind Sie wohl gefaßt bei mir — — Unterschlagung zum Beispiel?

E n g h o l m. Ach Gott, was für ein Geplärre ist das da unten, wie kann man sich dabei vernünftig besprechen!

I v e r. Wissen Sie was? Holen Sie die ganze Bande rauf und dann spinnen wir das Thema weiter. Im Ernst — ich will beichten, wer Ohren hat, zu hören, der höre — der Zwieback wollte mir doch vorhin

schon den Stachel aus der Pfote ziehen — gehen Sie
und bitten ihn, daß er spornstreichs kommt.

E n g h o l m. Beruhigen Sie sich doch — Sie haben ja
Schaum vorm Munde.

I v e r *(ruft)*. Herr Zwieback — Herr Zwieback!

E n g h o l m. Damit trompeten Sie ja das ganze Haus
zusammen — ich gehe, ich gehe, aber schonen Sie sich
gefälligst.

I v e r. Laufen Sie, sonst schrei ich's die Treppe hinunter. *(Engholm geht.)* Frische Ware, faule Eier, pi-
kant, amüsant!! Ihr sollt euer Teil haben, ihr sollt
hören, was ihr hören wollt!

F r a u K e f e r s t e i n *(erscheint zuerst)*. Was wollen
Sie bloß, was ist Ihnen passiert?

I v e r. Mausern soll ich mich — Zeugen werden ge-
sucht. Der Mörder will ein Geständnis machen.

F r a u K e f e r s t e i n. Um Gottes willen, denn kommen wir ja alle vor Gericht!

I v e r. Ja, es kommt alles haarklein ans Licht, Ihr
Mann soll alles in der Zeitung lesen. Ihnen soll Salz
auf den Schwanz gestreut werden, damit er sieht,
was für ein Vogel Sie sind.

*(Siebenmark, Voß, Engholm erscheinen, Jan und Stine
bleiben auf der Treppe. Frau Keferstein will in ihr
Zimmer entweichen.)*

S i e b e n m a r k. Wollen Sie nicht auch hören?

F r a u K e f e r s t e i n. Ich bin müde, kann ich Ihnen
sagen, wenn Sie hier schwarzer Peter spielen wollen — ich spiel nicht mit! *(Mit Blick auf Frl. Isenbarns Tür.)* Mein Gewissen ist so gut wie dem Fräulein ihrs, da kann ich so flott einschlafen wie sie.

*(Sie springt in ihr Zimmer, läßt aber in Folgendem
die Tür langsam immer weiter aufgehen. Das Grammophon spielt noch einige Takte, schnurrt dann aber
plötzlich ab.)*

I v e r. Bitte, setzen Sie sich, wenn Sie mögen, leider
sind aber keine Stühle da.

*(Engholm setzt sich ins Dunkle auf irgendeinen Gegen-
stand. Siebenmark bleibt vor Iver stehen.)*

I v e r. Also — ach so — Sie rauchen doch auch; wir rauchen hier alle, es ist so gemütlich.
(Siebenmark winkt ab.)
I v e r. Sie haben recht — Gemütlichkeit ist eklig am falschen Ort. *(Wirft die Zigarette fort.)* Also — nur daß Sie sich vorstellen können, wie es dazu kam, müssen Sie wissen, daß ich vor nicht langer Zeit — — ja, wo soll ich anfangen; wenn Sie verstehen sollen, müßte man bei Adam und Eva — — — aber dann sind Sie grau, bis ich zu mir komme. *(Jan kichert.)* Aber wozu sollen Sie auch verstehen, was für ein Anspruch — hm? *(Schnell.)* Ich muß es eben so einrichten, daß Sie es verstehen.
S i e b e n m a r k. Ich will es doch versuchen — Sie ließen schon früher etwas verlauten — nicht wahr, Ihre Sache steht mit einem Todesfall in Zusammenhang? Stimmt es?
I v e r. Ja, jemand lebt nicht mehr, der es vorher tat — stimmt.
S i e b e n m a r k. Wie heißt der Mann?
I v e r. Negendahl — Ne — gen — dahl!
S i e b e n m a r k. Negendahl — gut. Wollen Sie etwas Näheres sagen?
I v e r. Ich muß wohl. Es ist keine lange Geschichte. Negendahl war mein Freund — sozusagen — es gibt eben Zeiten, verstehen Sie, wo man — na, ich hatte mich in ein Gefühl von Freundschaft zu ihm verhetzt — ich trieb auf einem Strom von Widerwärtigkeiten an ihn heran. Nun war da ein Dritter — ein fader Bursche soweit, aber einer, der seinen Haken überall einschlug, wo es anging.
S i e b e n m a r k. So kommen wir nicht weiter. Wer hat Negendahl getötet — Sie?
I v e r. Nein, er beging Selbstmord. Aber das will ich ja gerade erklären, wie es dazu kam, darum erzähl' ich ja!
S i e b e n m a r k. Also bitte; ich sehe schon, was kommt.
V o ß. Ich auch.

I v e r. Ich mußte mir gefallen lassen, daß dieser Dritte, der von Negendahl irgend etwas wissen mußte, was man lieber nicht von sich wissen läßt — mich als Freund Negendahls zum Torhüter seines Rufes machte.

S i e b e n m a r k. Torhüter, das ist wohl eine Umschreibung?

I v e r. Gott ja! Ich belauerte ihn, ich kundschaftete ihn aus — ich wollte wissen, was daran war und — na, da war wirklich eine niedliche kleine Niedertracht.

S i e b e n m a r k. War da? Faktisch, der Mann war ein Lump?

I v e r. Nicht mehr als ich und — na. Ich — wissen Sie! Ich probte die wunde Stelle ans Licht, ich spielte mit einem Dieb Diebstahl — ich ließ ihm seinen eigenen Fall, natürlich in einer Maske — unkenntlich — als meinen hinterbringen. Ich setzte mich zum Schein mit in seine Falle, und so bekannten wir uns sehr bald als Lumpenbrüder. Mehr wollte ich nicht.

S i e b e n m a r k. Und nun...

I v e r. Damit wäre die Sache für mich beendet gewesen, wenn nicht der andere, der Dritte, gegen den ich eigentlich mit dieser Probe Negendahls Ruf verteidigen wollte —

S i e b e n m a r k. Ich verstehe.

I v e r. Sie verstehen? Aha, das ist gut, daß Sie verstehen! Also dieser Dritte salbte die Sache mit seinem Öl, bis sie ruchbar wurde, niemals hat sich der Schalltrichter eines Pharisäers so heiser geschrien — und das Wild war matt, als die Hetze erst recht losging. Es knallte ein bißchen — —

S i e b e n m a r k. Also Negendahl erschoß sich selbst! Das ist das Ganze?

I v e r. Nein, jetzt kommt die Hauptsache. Negendahls Frau — übrigens eine gute, beinah feine Frau — seine Kinder wollten leben — wissen Sie — leben! Verstehen Sie — wenn man leben will und nicht kann, denn er hatte nichts hinterlassen. Es ging nicht, es geht nicht. Sie darbt und behilft sich — und wie! *(Siebenmark setzt zum Sprechen an.)* Schweigen Sie! Nun gibt ihr der Instinkt ein, daß ich schuld an ihrem Unglück bin — nebenbei gesagt, sie war zu allem Bösen noch in eine Wohnung geraten und konnte nicht mehr heraus, wo in der Straße sich Huren breit machten, wie auch im Hause. Und da verlor sie im Jammer über ihre Kinder alle Scham und Zurückhaltung, drängte sich, aus allem Maß geraten, zu mir und nannte mich schreiend und gellend einen Mörder. Übrigens fand sie auch einen Anwalt, der gegen mich vorgehen wird — — Sehen Sie, das ist es — oder haben Sie nicht zugehört?

Siebenmark. Und nun belieben Sie, sich als reuigen Mörder aufzuführen, der sich nicht anders helfen kann, als daß er sich entleibt? Warum vertreten Sie nicht mutig Ihre gute Sache?

Iver. Sagen Sie, schämen Sie — Sie, Her-re Siebenmark — schämen Sie sich nie für andre mit? Ich weiß mich momentan nicht treffender auszudrücken.

Siebenmark. Eigentlich nur, wenn ich im Zoologischen Garten vorm Affenhaus stehe, dann schäme ich mich wegen der andern, die auch zusehen. Warum meinen Sie?

Iver. Um Negendahl ist es wirklich nicht schade — was soll *Das* leben: Da—sein in den tausend Provinzen, zu denen jeder Lebende Pässe hat — würgt es Sie nie, wenn Sie sich beim Zähneputzen zufällig im Spiegel sehen?

Siebenmark. Was sollen diese Fragen?

Iver. Können Sie wirklich nicht finden, daß Sie — Negendahl — ich — Engholm, nennen Sie noch Millionen Namen, daß wir alle zusammen mit sehr schäbigem Recht an der Krippe des Lebens stehen?

Siebenmark. Ich für mein Teil habe mir's sauer genug werden lassen, mein Recht ist gut.

Iver. Sie gehören wohl zu den Leuten wie der

schwarze Peter da hinten, dessen Ehre nicht schreit
— kann gar nicht schreien? Sie würden vielleicht
auch gar nicht lieber bürgerlich verlumpen und ver-
lausen, als Ihre noble Menschenehre speckig werden lassen?

S i e b e n m a r k. Wir verstehen uns wohl nicht ganz,
mein Lieber, wo in aller Welt wollen Sie hinaus.
Warum, was sagten Sie — schämen Sie sich für
andre mit, was hat das mit Ihrer Tat von heute
nachmittag zu tun!

I v e r *(nach einer Pause)*. Ziehen Sie mal Ihre Hose
aus und stellen sich da ins Licht — dann will ich
Ihnen antworten. Ich soll Ihnen meine Eingeweide
zeigen. Sie würden bloß sagen: es stinkt, und nichts
weiter sehen. Nein, das lassen wir bleiben.

S i e b e n m a r k. Ich sehe schon, so kommen wir nicht
weiter. Ich sehe nichts klar als . . . am Ende läuft
es darauf hinaus, daß Sie in der Sache mit Negendahl nicht ganz klug gehandelt haben — nicht ganz
weitsichtig, nicht zweckmäßig, vielleicht bloß darin
nicht korrekt, weil Sie dem Mann eine Falle bereitet haben. Aber soweit ich sehe, vertragen Sie
durchaus, wenn Sie das trösten kann, als Ehrenmann
behandelt zu werden. Kein Wort weiter heute. Morgen werden wir vernünftig miteinander reden können.

E n g h o l m. Man kann ihn über sich selbst vollkommen beruhigen.

S i e b e n m a r k. Seien Sie nun auch so vernünftig,
sich nicht künstlich zu reizen. Heute brechen wir
besser ab — gute Nacht. *(Er streckt ihm die Hand
hin.)*

I v e r *(sieht ihn starr an)*. Ehrenmann sagen Sie?

S i e b e n m a r k. Gewiß, würde ich als Ehrenmann
Ihnen sonst die Hand reichen? Schlagen Sie ein!

I v e r. Ich habe Ihnen doch lang und breit alles aus-
einandergesetzt. Sie sollten doch wissen, daß ich keine
Lust habe, die Hand eines solchen Ehrenmannes zu
schütteln. Ich schlage Ihre Hand aus.

S i e b e n m a r k. Besinnen Sie sich schnell, ich spaße nicht mit solchen Dingen.

I v e r. Herr Siebenmark, Herr Negendahl, Herr Engholm, Herr Buttermann, der da, die da — brr — einer wie der andere. Ich danke vor der Gesellschaft! *(Stößt die Hand weg.)*

S i e b e n m a r k *(wendet sich ab)*. Nun, Sie sind verwundet.

V o ß. Ich glaube überhaupt nicht mehr, daß er verwundet ist. Er hat uns alle zum Narren.

E n g h o l m *(zu Voß)*. Aber sagen Sie mal, haben Sie mir nicht selbst erzählt, wie Sie ihn in der Heide gefunden haben?

V o ß. Ich? Ich auch, ja; ich zuerst, und da stellte er sich tot.

J a n. Minsch, Se hebben jo dat Rewolver noch inne Dasch, wo he mit schaten hett!

V o ß. Ach was, mancher drückt ab und schießt nicht. Einen Lappen Papier fand ich, der sah ihm aus der Tasche, hier ist er. *(Er holt einen Zettel hervor und hält ihn hoch.)*

S i e b e n m a r k. Es ist merkwürdig, wie Sie sich widersprechen, unten hieß es, er hat den Revolver bei sich und nun haben Sie ihn — geben Sie wenigstens den Zettel her.

F r a u K e f e r s t e i n. Mir ist so zumute, als ob wir alle 'n kleinen Schnaps kriegen, ich weiß bloß nicht, wer bezahlt.

J a n *(zu Stine)*. Stine, wo hest du denn den Rock henleggt, den he anharr, de wir doch noch ganz blödig. *(Zu Voß.)* Der Mantel war vorn doch ganz voll Blut?!

S t i n e. Den Rock, jo den hew ick em uttrocken — den hew ick, ick weet nich mihr, wo ick em henleggt hew. Doch, ick weet, in den Schrank hew ick em hängt, in den Schrank dor in de Stuw. *(Geht zu Frl. Isenbarns Zimmer und öffnet.)* Hier in dissen Schrank, dor hängt he.

(Im Türrahmen steht Frl. Isenbarn, der man ansieht, daß sie gehorcht hat.)

Siebenmark. So — da haben wir die Bescherung, statt Ruhe hast du Ärger und Aufregung. Es ist übrigens nicht der Rede wert, ich bin vollkommen unbeleidigt — wie könnte man auch — wie?

Frl. Isenbarn. Ich stand hinter der Tür ...

Siebenmark. Und hast hoffentlich nicht alles verstanden.

Frl. Isenbarn. Doch, ich habe kein Wort verloren, keine Silbe.

Siebenmark. Du bist ganz außer Atem ...

Frl. Isenbarn. Ja, weil ich so angestrengt gelauscht habe, scheute ich mich, Luft zu holen. Ja, ich bin ganz verwirrt, ich wußte nichts, gar nichts mehr davon, wo ich war. Ich vergaß mich selbst. Ich hörte dich und ...

Siebenmark. Ja, und diesen fabelhaften Herrn ...

Frl. Isenbarn. Nein, mir war, als wäre ich's selbst, die mit dir sprach. Gottlob ...

Siebenmark *(tonlos)*. Ja, eigentlich, wenn ich mich genau prüfe, schien es mir die ganze Zeit, als spräche ich mit dir, statt mit ihm.

(Frl. Isenbarn bricht plötzlich in heftiges Weinen aus.)

Frau Keferstein *(zu Voß, der gehen will, mit einer Gebärde, als tränke sie einen Schnaps)*. Es gibt noch einen, bleiben Sie doch da!

Voß. Ich verstehe von der ganzen Sache nichts. *(Zu Engholm.)* Ahnen Sie etwas?

(Engholm antwortet nicht und ist vergeblich bemüht, einen Standpunkt zu der Situation zu finden.)

Jan. Kinners, Kinners, man god, datt Thinka nich tohürt hett, de kriegt Tänwehdag von so wat! Kumm, Stine, kumm, Deern. *(Ab mit Stine.)*

Siebenmark. Eine etwas sonderbare Situation, meine Herrn — — *(Man macht Anstalten zu gehen.)*

Frl. Isenbarn. Nein, nein, bitte bleiben Sie, ich habe mich schon erholt, ich bin ganz wieder mein eigener Herr.

Voß. Mich muß man jedenfalls entschuldigen, vielleicht wird doch noch getanzt — *(mit Blick auf Frau*

Keferstein) und solche Aussicht macht mich schwindeln.

I v e r. Aber den Zettel — hören Sie doch, bedenken Sie — fremdes Eigentum!

V o ß. Das nehme ich nicht so genau. *(Auf der Treppe.)* Keine Angst!

I v e r. Was wollen Sie damit machen?

V o ß. Die Klaue studieren, ich war früher Schulmeister, wie Sie wissen, da ist es interessant, zu studieren, was für Orthographen Tote sind. *(Man hört von fern Dampferton. Alle rücken zusammen und horchen.)*

J a n *(von unten).* De Damper kümmt!

F r a u K e f e r s t e i n. Das mußte glücken, meine Sachen werden grade trocken sein. *(Zu Iver.)* Sehn Sie man zu, daß Sie nicht schwarzer Peter werden, oder hören Sie schon auf mit Spielen?

(Engholm, Voß und Frau Keferstein verschwinden auf der Treppe. Frl. Isenbarn steht zwischen Siebenmark und Iver, doch noch näher zu Siebenmark.)

VI

Die Wirtsstube. Tobendes Verlangen ausgehungerter und verfrorener Menschen nach Speise und Trank. Am Tisch rechts ein feister, jovialer Herr in primitiver Maskerade als Frau Venus mit Damenhut, Handspiegel, in aufgeschlagenen Hemdärmeln und einem umgehängten Tischtuch anstatt eines Röckchens, umgeben von Anbetern und Getreuen. Kapitän Pickenpack mit Grogglas sitzt auf dem Schänktisch. Siebenmark, Frl. Isenbarn, Engholm, Voß, Frau Keferstein warten im Hintergrunde.

F r a u V e n u s *(trinkt Pickenpack zu).* Und wenn die Welt voll Teufel wär — Kapitän Pickenpack — was?

P i c k e n p a c k. Ich weiß nicht genau, was für eine Art von »was« Sie meinen, Herr Fenus

F r a u V e n u s. Oller Groggreis — hör zu: Und wenn

54

die Welt voll Teufel wär... *(Zu einem vom Ge-*
folge.) Fahren Sie fort!

E r s t e r. Mit'm Primus?

F r a u V e n u s. Nein, mit'm Reim. Machen Sie einen
Vers drauf!

E r s t e r. Teufel wär, Teufel wär? Das wär verteufelt,
wenn der Vers zu schwer wär — ich hab's:
> Und wenn die Welt voll Teufel wär,
> so stänke sie nach Schwefelteer.
> *(Pickenpack lacht.)*

F r a u V e n u s. Bei unserm Kapitän fängt der Humor
im Bauch an, mit dem Schwanz zu wedeln, darum
kollert es so.

P i c k e n p a c k. Wenn Sie ausgetrunken haben, meine
Herrschaften, denn trink ich auch aus, denn kann die
Lustfahrt ja weitergehen.

F r a u V e n u s. Das ist gegen die Abrede. Ich habe
mir in Ihren Diensten heute beinah eine Diarreh meines
meines Witzes geholt, ich habe Ihnen die Passagiere
bei Laune erhalten, als wir im Schneesturm festsaßen,
und Sie haben uns versprochen, die Passagiere sollten
sich ihrerseits festsetzen dürfen, wo *sie* Lust haben,
und brauchten nicht eher wieder flott zu werden, als
sie belieben. Bedenken Sie: so viel Mäuler, so viel
Tiger und ÷ — nun Ihr armes Osterlamm von
Renommeh auf der Elbe!

P i c k e n p a c k. Mein Renommeh kriegt so leicht
keine Diarreh, Herr Fenus.

F r a u V e n u s. Passen Sie auf, wie es morgen in den
Zeitungen stinken wird — —. Aber ich in meiner
jungfräulichen Venussität fühle eilends einen Trieb,
mich zu bemännern, Pickenpack, Groggreis, wie wär's,
willst du mein Schoßherr sein? *(Zum Gefolge.)* Sett
den Thron bet rup! *(Gebrüll; der Stuhl wird auf
den Tisch gestellt. Frau Venus besteigt den Thron
und streckt die Arme nach Pickenpack.)*

P i c k e n p a c k *(zeigt auf Jan).* Jan seine schwache
Seite ist woll noch präsentabler als meine — da
fassen Sie ihn man dreist bei an.

J a n. Ach Minsch — Thinka kratzt mi de Ogen ut, lat
em doch sin Heil bi'n schönen Emil versäuken.
F r a u V e n u s. Der schöne Emil? Schickt den schönen
Emil her, tot oder lebendig, der schöne Emil soll
kommen!

(*Jan mit zweien aus dem Gefolge ab.*)

C h o r d e r R a c h e (*nach der Melodie: O Straßburg,
o Straßburg*). O Emil, o Emil, o schöner E — E —
mil usw.

F r a u V e n u s. Ich erwarte, daß alle meine Getreuen
ihren künftigen Venus-Thronbesteiger mit urkräfti-
gen Vivats begrüßen.

(*Der schöne Emil wird, von Zweien an den Armen gefaßt, herangeführt. Gebrüll, Hochrufe.*)

S t i m m e n. Ein Rückenmärker! Der arretierte Nacht-
schatten! Er hat eine Bandwurmkur gebraucht und
ist aus Versehen mit seinem Rückgrat zu Stuhl gekommen.

F r a u V e n u s. Wenn du der schöne Emil bist, so muß
einem angst und bange werden, womit willst du
deine Schönheit beweisen? Deine Lebenskerze ist ausgelöscht und geknickt. Deine Beine sind so gelenkig
wie eine Unterhose auf der Waschleine, deine Arme
gehören einem Gorilla, und zu deinen Schultern
scheinen sie deine Hinterbacken genommen zu haben;
du gehörst offenbar zu den trinkenden Mannsleuten,
denen die Kraft aus den Backen strahlt — ich will
einen andern! (*Zeigt auf Siebenmark.*) Da ist einer,
der seine Kräfte für nicht-öffentliche Gelegenheiten
spart — er soll rantreten und seine Tauglichkeit
beweisen.

(*Siebenmark dreht sich wütend um und läßt dabei
Iver sehen, der unwillkürlich, gedrängt von hinten, ein
paar Schritte vorwärts tut.*)

F r a u V e n u s. Er mag nicht, also taugt er nicht —
und ich mag ihn nicht. Aber der da! (*Zeigt auf Iver.*)
Das ist ein Heiliger, vielleicht sogar ein Scheinheili-
ger, und das sind die wahren Venusfreunde. Sucht
ihm den Schein, den er verloren hat, und bringt sie

56

beide ran, der schöne Emil soll zu seinen Vätern versammelt werden.

(Der schöne Emil fliegt beiseite. Iver sträubt sich, wird aber herangezerrt, man hält von hinten einen weißen Teller über seinen Kopf.)

F r a u V e n u s. Ein ganz netter Schlingel von einem Heiligen, gebt ihm Sprit zu saufen, sonst ersäuft er in seiner eigenen Blödheit.

I v e r. Sie versehen sich, ich habe keinen Anteil an diesen Albernheiten.

F r a u V e n u s. Als philosophisch gebüldeter Mensch werden Sie immerhin wissen, Sie verflixter Heiliger, daß ich als benedeite Frau Venus nur eine andere Form von Ihrem allerwertesten Herrgottsvadder bin — wollen Sie nun Order parieren — hö? *(Iver schweigt.)* Er markiert den verstimmten, wollte sagen verstummten, nein verdummten Heiligen. Will Er gefälligst mal die Kehrseite seiner Heiligkeit herauskehren!

(Iver sieht mehr erstaunt als geärgert um sich, bis sein Blick auf Voß fällt.)

V o ß. Wollen Sie jetzt woll Ihren Zettel wiederhaben? *(Langt den Zettel aus der Tasche.)*

I v e r. Ja, geben Sie her! *(Will hin.)*

F r a u V e n u s. Der Heilige bemüht sich selbst — springt, läuft! *(Der Zettel wird von mehreren Händen ergriffen.)* Ich wittere Geheimnisse; Geheimnisse dürfen nicht angezettelt werden. Daß der Zettel nicht verzettelt wird, gebt ihn mir! *(Der Zettel gelangt in Frau Venus' Hände.)*

I v e r. Es ist mein Eigentum, Herr.

F r a u V e n u s *(liest)*. Ein höchst interessanter Fall von Eigentum, von höchster Eigentümlichkeit — er soll der Ehre der öffentlichen Belachtheit teilhaftig werden.

I v e r. O bitte — ich bitte, hören Sie doch, ich will nicht, daß Sie es vorlesen — bitte!

F r a u V e n u s. Hol Pust! Bitte?! Das ist ein bitteres Verlangen und Frau Venus liebt die süßen Wünsche.

Voß *(ruft)*. Laut lesen, wir wollen alle hören —
Taschentücher, meine Herrn. *(Gelächter.)*

Frau Venus. Also Ruhe, ihr Menschenpack, daß
wir diese Epistel unseres lieben Heiligen vernehmen

Frl. Isenbarn. Pfui! [können.

Frau Venus. Ich sage Ruhe! Ich, Frau Doktor
Venus!

Frl. Isenbarn. Und ich sage »Pfui«! *(Zu Siebenmark.)* Laß mich, ich will mich nicht verstecken.

Frau Venus. Da scheint ein Intermezzo zwischen
Liebesleuten stattzuhaben. So was hören wir gerne.

Siebenmark. Aber, mein Gott, du kannst dich
doch mit diesen Leuten nicht herumzanken!

Frl. Isenbarn. Ich dachte, du solltest es tun.

Frau Venus. Es ergibt sich zwar nicht ganz deutlich, warum sich das Pärchen mit Sticheleien schnäbelt, aber da zu Nachforschungen keine Zeit ist, so
verfügen wir eine Scheidung mittendurch. Jede
Hälfte soll eine fremde Hälfte ausproben — sucht
rechte Ekel dafür aus!

Siebenmark. Das hast du davon, Spott und Skandal — laß uns hinaus!

Frl. Isenbarn. Geh du — ich nicht.

Chor der Rache *(Melodie: Krambambuli)*. Geduichnicht — gedaichnicht — gedaichnicht — gedaichnicht — gedu — geda — geda — ich nicht!

*(Frl. Isenbarn setzt sich an einen Tisch, ihr Nachbar
springt erschrocken auf; neben Siebenmark steht zufällig Frau Keferstein.)*

Frau Venus *(zu dem Aufgesprungenen)*. Sie scheinen nicht das rechte Ekel zu sein — Freiwillige vor!

Stimme. Der schöne Emil!

Frau Venus. Richtig, der schöne Emil, der wird sie
zur Raison bringen, diese Ekelkur gegen moderne
Überliebesempfindlichkeitsnervosität soll heißen: Die
schöne Emilskur.

(Der schöne Emil wird auf einen Stuhl neben Frl. Isenbarn gesetzt. Siebenmark steckt sich eine Zigarre an.)

Frau Venus. Ist die Zigarre gut, Herr?

Siebenmark. Darf ich Ihnen vielleicht eine offerieren? *(Das Etui wird hingegeben.)*

Frau Venus. Es sieht zwar nach Bestechung aus — aber wenn eine Venus nicht mehr bestochen werden soll, dann hört überhaupt die Weltgeschichte auf — Danke! *(Das Etui zurück, Venus zündet an.)* Sonst fühlen Sie sich hoffentlich auf der Höhe!

Rufe. Vorlesen, lesen!

Frau Venus *(bläst den Rauch fort)*. Ausgezeichnet. Samt auf der Zunge, das wird auch ihn besänftigen — mit ä, nicht mit e!

Rufe. Vorlesen!

Frau Venus. Uff! *(Liest.)* Also — das heißt, »also« steht nicht da, das war meine Zutat, denn es muß doch übergeleitet werden — weiter im Text: »ich nahm wahr — — — ich nahm wahr, wie ein Lichtstrahl oder ein Funke einem Kind einverleibt wurde — wurde — und sprach: nun bin ich froh, nun bin ich glücklich, daß mein Kind vom Licht bedacht und gerührt ist. Nun ist es für immer heil und kann nie, auch in tiefster Not nicht, verzweifeln, nie wird es in ihm ganz finster — — Als ich das bedachte, schien es mir, es müßte ein Traum sein, den meine Mutter, obgleich sie tot ist, über mich hatte, und zugleich wurde mir im tiefsten Gefühl sicher, daß es so war — und so weiß sie, und ich weiß es, als wüßte ich's von ihr selbst, daß ich von einem göttlichen Funken gebrannt bin und gehe ohne Trostlosigkeit an meine Tat. Wer mich findet, darf sich nicht um mich betrüben — — —

Chor der Rache. Der schönste Ort, den ich auf Erden hab — das ist die Rasenbank am E — E — eelterngrab.

Frau Venus *(schlägt auf das Blatt)*. Ja, doch, jadoch, da steht's, ich kann's beschwören! *(Zu Iver.)* Sind Sie selbst der ehrliche Finder — Sie sollen sich nicht betrüben — schwarz auf weiß!

Iver *(tritt zurück)*. Ist nicht mein Eigentum.

Frau Venus. Nicht? Wieso nicht, das ist offenbar

eine neue Eigentümlichkeit dieses eigentümlichen Zettels.

I v e r. Nicht mehr! nicht mehr — ich spuck drauf!

F r a u V e n u s. Spucken — das erläutern Sie bitte.

E n g h o l m. Er ist es ja selbst, merken Sie das nicht?

F r a u V e n u s. Ich bin es auch selbst — Sie auch, wir alle sind wir selbst.

E n g h o l m. Sie sind der Tierarzt Bönhaase, mehr nicht. *(Außer sich.)* Belangen werde ich Sie, wenn Sie den armen Kerl noch länger quälen — wir wollen fort, Herr Kapitän, sprechen Sie ein Wort.

F r a u V e n u s. Haben Sie es so eilig? hö?

E n g h o l m. Fragen Sie nicht — ja, ich hab's eilig. Nehmen Sie sich in acht vor dem, was Sie mit Ihren Späßen anrichten.

F r a u V e n u s. Donnerwetter, soll man sich das bißchen Spaß versagen? Stellen Sie sich nicht an, als hätten Sie große Geschäfte zu Haus — so was läßt sich auch hier... Herr Wirt — Herr Wirt, zeigen Sie doch dem Herrn, wo es hingeht, aber schnell, er hat's eilig! *(Gelächter.)*

E n g h o l m. Ach Unsinn, ich lasse mich auf so was nicht ein. Wir sprechen uns noch!

F r a u V e n u s. Aber Verehrtester, wir sprechen uns ja immerfort — geben Sie was an — etwas Saftiges — wenn's sein kann.

E n g h o l m. Ich will Ihnen mal was sagen...

F r a u V e n u s. Silentium, jetzt will er erst mal was sagen, ehe er was macht.

E n g h o l m. Ach Gott, Sie sind ja betrunken.

F r a u V e n u s. Ja, Gottlob, mein Humor ist kein Miesekätzchen wie Ihrer, ich muß etwas Feuchtes in der Nase haben, dann kommt er heraus. *(Jemand klatscht.)* Wer klatscht da?

(Engholm spricht aufgeregt mit Pickenpack. Voß klatscht begeistert.)

F r a u V e n u s. Obgleich Sie unverständig klatschen, scheinen Sie doch Verstand zu haben, was ist los?

V o ß *(kommt heran)*. Ich beklatsche mein Schicksal, daß ich diesen Tag erlebe. Bravo, bravo — es ist

60

zum Schreien! *(Schreit.)* Humor ist das, Humor, Humor! Aber nun, wo ist — mein Taschentuch; ich habe nämlich auch was Feuchtes in der Nase. *(Schneuzt sich — bietet das Tuch.)* Wollen Sie auch mal?

F r a u V e n u s. Nä — danke verbindlichst.

V o ß. Wieso? Genieren Sie sich nicht.

F r a u V e n u s. Verehrtester — stehen Sie ab!

V o ß. Keine falsche Scham — — wenn Sie nur irgend mögen — —

F r a u V e n u s. Pfui Teufel!

V o ß *(steckt das Tuch ein)*. Mir rätselhaft — ist doch einerlei Humor, Ihrer und meiner, und kommt in eine Wäsche. Wie? Ob das mein Ernst ist? Gottbewahre — Humor — Humor! *(Er nimmt den Zettel aus den Händen der Venus und geht zurück.)*

F r a u V e n u s. Musikpiesse!

C h o r d e r R a c h e *(Melodie des Hochzeitsmarsches aus Lohengrin)*. Am Kattegatt, am Kattegatt — da ward de Katt dat Gad ver — er — gatscht — am Kattegatt usw.

I v e r *(der Frl. Isenbarn gegenüber gestanden hat)*. Wie kommen Sie hierher?

F r a u V e n u s. Seht unsern Heiligen! Die Hufeisen seiner Eifersucht schlagen Feuer — so ein Hengst! Er soll mit dem schönen Emil antreten — sie sollen pauken!

(Der schöne Emil wird vor Frau Venus geschleppt, die die Anordnung trifft.)

F r l. I s e n b a r n. Wie ich herkomme? Ich habe keine Gründe, ich bin da.

I v e r. Passen Sie denn hierher?

F r l. I s e n b a r n. Sie wohl?

I v e r. Gott, wenn ich bedenke, wo ich schon manchmal getanzt habe, es können nicht immer feine Lokale gewesen sein. Trotzdem — es soll anders werden, ich will fort — gehen Sie mit? *(Lacht.)* Der Spaß dabei ist, daß ich schon weg bin. Verstehen Sie Anspielungen?

F r l. I s e n b a r n. Nein, nicht im geringsten.

I v e r. Schade, ich hätte sonst gesagt: der Spaß ist, daß
Sie auch nicht mehr da sind — oder habe ich unrecht?

F r l. I s e n b a r n. Ich verstehe Sie nicht — ganz.

I v e r. Aber ich kann nicht deutlicher werden wegen
der Leute — nämlich, ich möchte wohl wissen, wohin
Sie eigentlich zu Hause gehören.

F r l. I s e n b a r n. Ich verstehe, Sie meinen...

I v e r. Richtig, das meine ich, grade das — — wir
sind in derselben Gegend zu Hause, man hört's am
Dialekt. Sonderbar, daß man sich so in der Fremde
begegnen muß — wie?

F r l. I s e n b a r n. Sonderbar.

I v e r. Aber: pst! Es soll niemand wissen, die Gegend
ist bei manchen Leuten schlecht angeschrieben; man
könnte Witze machen. Ich gehe direkt heim, kommen Sie mit? Aber entschuldigen Sie, Sie brauchen
kein Wort zu sagen, ich weiß alles.

F r l. I s e n b a r n. Es genügt.

I v e r. Vollkommen — also bleiben Sie ruhig einst-
weilen da — Sie müssen wohl noch einmal rum-
tanzen — Adieu, viel Vergnügen!

F r a u V e n u s. Sie plauschen, duzen sie sich schon?

S t i m m e n. Sie sprechen von tanzen.

F r a u V e n u s. Auch gut, wenn der schöne Emil will
— mögen sie tanzen, macht Platz! *(Es wird Platz
gemacht.)* Ein Heiliger, eine Strohbraut und ein
Lumpensack: eine schöne Tanzgesellschaft.

*(Iver stiert einen Augenblick umher, sieht dann auf
Frau Venus und stürzt in einem Wutanfall auf ihn los,
fällt aber zu Boden und bleibt regungslos liegen. Durcheinander; man legt ihn auf zwei Stühle, Frau Venus
steigt nieder und befühlt ihn.)*

F r a u V e n u s. Ganz gut, er verschnauft ein wenig.

F r l. I s e n b a r n. Er ist verwundet, hat auf sich geschossen.

F r a u V e n u s. Aus Liebesgram oder warum sonst?
(Besteigt wieder ihren Thron.) Wollte er die Welt
mit seinem heiligen Blute düngen — war sie ihm
nicht gut genug?

F r l. I s e n b a r n. Das ist eine unanständige Frage.

F r a u V e n u s. Wieso, ist die Welt nicht schön? Warum sollte sie besser sein — sind wir nicht alle seelenvergnügt?

F r l. I s e n b a r n. Man könnte fragen, wie kann die Welt gut sein, wenn *Sie* seelenvergnügt sind. Es ist horrend einfach.

F r a u V e n u s. Einfach horrend, meinen Sie.

F r l. I s e n b a r n. Nein, ganz einfach, so ist es.

F r a u V e n u s. Na, denn zu! Dann ist er sozusagen, wie er da liegt, ein toter Prediger in der Wüste, der laut schreit: herbei, herbei — und löffelt ihnen allen Scheidewasser ein, daß sie wenigstens aufhören, zu sein, was sie sind, weil sie nicht werden können, was sie sein müßten? Allerdings horrend einfach. Ich will aber nicht — ich trinke Echtes — Herr Wirt! *(Jan tritt vor.)* Haben Sie Scheidewasser im Haus?

J a n. Nee, Herr, kann nich dienen.

F r a u V e n u s. Nicht einen Tropfen?

J a n. Das kann ich bemeineidigen.

F r a u V e n u s. Na, dann kann ja keine Verwechselung vorkommen — dann schenken Sie mir noch ein Glas voll — Bier. Ich will mich mit keinem Wasser von dieser schönen Welt scheiden lassen.

(Jan ab.)

S t i m m e. Er ist schon wieder munter.

F r a u V e n u s. Das ist brav, es ist ihm allein zu langweilig — wie ist's Ihnen ergangen — hö?

I v e r *(halb aufgerichtet)*. Ach — jawohl, ich bin in guter Gesellschaft — guten Tag, guten Abend, meine werten Herrn!

F r l. I s e n b a r n. Merken Sie nicht, wo Sie sind?

I v e r. Doch — gute Gesellschaft — alle wie sie hier sind — Lumpenbrüder und —

F r l. I s e n b a r n. Ja — und ...

I v e r. Und große noble Herrn — trotzdem! Was wollen Sie — wir haben Zeit, sehen Sie, in der Hauptsache, da pfuschen wir nicht, da lassen wir's langsam in uns kochen. Sehn Sie mal den da mit dem Turnvaterbart — total verblödet, möchte man sagen, und dabei komme ich mir vor wie unter Kannibalen, sehen Sie nur, wie er mich mit den Augen anbeißt, sie fressen alle ein Stück von mir, saufen mein Blut — vielleicht bin ich ihnen doch ein Tropfen gutes Gift. Sehn Sie den da, sein Bauch ist ein Sandsack an dem Auftrieb, den er hat. Er ist kein Klumpen — er ist Auftrieb. Schneiden Sie ihm den Bauch ab, und Sie müssen bald bekennen: er ist mir weit über — ja, ja, derselbe mit den Himbeeren im Gesicht. — — Bitte Sie, da hinten ist einer — glauben Sie es doch, er wird jede Minute ein Minimalchen anständiger — er kocht langsam, ganz leise, unspürbar, in x-Millionen Jahren ist er da, wo das Wort »nobel« wie ein Veilchen riecht, fast geruchlos noch — aber er zertrampelt es wenigstens nicht — er hat Zeit.

F r a u V e n u s. Seht, die Walküre findet Gefallen an ihrem Gefallenen. Ich denke mir eine Walhalla mit einem enormen Fabrikschlot, denn mit *Dem* wird sie's ohne Zentralheizung nicht sehr warm haben. *(Zu Siebenmark.)* Was sagen Sie denn?

S i e b e n m a r k. Sie meinen, wegen der Zigarre? Na, ich rauche das Kraut jetzt im dritten Jahr, und es schmeckt mir immer noch.

F r a u V e n u s. Wollen wir nicht zuhören, was die beiden zusammen flüstern?

S i e b e n m a r k. Anfangsbekanntschaft, wissen Sie, da hat man viel zu erzählen, da mahlt die Mühle mit Sturm.

W ü t e n d e S t i m m e n. Es ist ein Hansnarr, er sollte vertobackt werden, er sprützt uns wie ein Wasserhahn seinen Drang immer grade ins Gesicht.

I v e r. Hören Sie nicht? Stimmen aus der Höhe — es echot doch bei Ihnen?

F r l. I s e n b a r n. Bei mir — was soll ich dabei?

I v e r. Ja, Sie, gerade Sie, was sollen Sie dabei! Lassen Sie uns hier — *(mit Gebärde zu allen im Rund)* — miteinander fertig werden, Wölfe, die sich so lange anheulen, bis alle zufrieden sind. *(Siebenmark tritt heran.)* Ach, Herr Zwieback — ja, bester Herr, die Stelle, wo jemand — eben jemand — gestanden hat, kann man küssen — aber mit ihm zu Abend futtern, *ihn mit sich* gemein machen, von sich auf ihn abfärben — — — dann lieber anspeien.

S i e b e n m a r k. Es scheint, Sie legen's ein wenig auf den hohen Herrn an, der vorüberfährt — und man fällt nieder — wissen Sie noch? Der Effekt ist ausgeblieben, das Zettelchen hat's auch nicht vermocht. Haben Sie sonst noch was im Hinterhalt?

I v e r *(steht auf).* Richtig, die Komödie ist aus. Ich danke Ihnen fürs Zuhören. Hoffentlich sind Sie nicht bös! Es hat Sie doch unterhalten — hm? Gestehen Sie nur, ein bißchen ernst haben Sie's genommen.

F r l. I s e n b a r n. Ja, wie sonst? Woher stammt der Zettel — — und das Blut auf Ihrem Rock?

I v e r. Glauben Sie, daß so was Umstände macht? Wir haben uns an noch ganz anderen Sachen erprobt — der Zettel hat Ihnen also gefallen und ich Schaf kalkulierte, das sei nur eine belanglose Nuance. Man kennt das Publikum noch immer nicht.

(Kapitän Pickenpack hat unterdes bezahlt und marschiert hinaus. Man wird unruhig, bezahlt, bereitet sich zur Abfahrt.)

S i e b e n m a r k. Also doch, die ganze Geschichte mit Negendahl ist erlogen!

I v e r. Gewiß, Herr, gewiß!

S i e b e n m a r k. Es gibt also auch gar keine Frau Negendahl?

I v e r. Na — und wenn! Soll man sich Gedanken machen, soll man den lieben Kleinen wünschen, in Väterchen Negendahls Schatten aufzuwachsen? Nein, hübsch an die Sonne, Kinderchen! Nun — es war eben ein Spaß! *(Zu Frl. Isenbarn, die ihn starr ansieht.)* Lügen sind oft bessere Wilde, als diese lackierten Nußknackerwahrheiten — ich empfehle mich Ihnen.

F r a u V e n u s. Halt, Muscheklon, Sie müssen noch eine Zugabe bewilligen.

J a n. Kapitän Pickenpack läßt melden, daß der Primus in zwei Minuten abfährt.

F r a u V e n u s. Aber doch nicht, ehe wir aufgeladen sind, will ich hoffen.

J a n. Jä, Herr, wenn Sie darauf rechnen, kann es Ihnen gehen wie der Frau, die zu Ostern ein Kind kriegen wollte, und es sollte Louis heißen, aber sie verpaßte es, und es kam zu Pfingsten. Da sagte sie: Das ist ein Trödeljochen, und nannte ihn Peter.

F r a u V e n u s. Und so überführen wir unsern gesamten Hofstaat an Bord meiner Majestät Schiff, inklusive den Muscheklon und die Walküre sowie den aufgeregten Herrn mit den großen Geschäften.

C h o r d e r R a c h e.

      Kein schönrer Tod
      Ist in der Welt,
      Als wer vorm Feind erschlagen

(abmarschierend)

      Auf grüner Heid,
      Im freien Feld

(verklingend)

      Darf nicht hörn groß Wehklagen.

E n g h o l m *(zu Iver)*. Kommen Sie mit mir, wir finden schon einen Platz, wo Sie ungeschoren bleiben. *(Siebenmark verhandelt mit Jan.)*

V o ß. Ich rate Ihnen ab; bleiben Sie ruhig hier. Ihre Weltreise ist ja zu Ende — ich bleibe auch.

J a n *(im Vorbeigehen zu Iver)*. Sie haben nichts zu bezahlen — der Herr — *(zeigt auf Engholm)* — hat's schon in Ordnung gebracht.

E n g h o l m. Entschuldigen Sie bloß — aber, na — Sie wissen wohl, ich muß schon sehen, zu meinem Jungen zu kommen. Leben Sie wohl. *(Eilig ab.)* *(Frau Keferstein verschwindet ohne Abschied.)*

J a n. Thinka — so ist es nu mal, wenn Frauenzimmer in Rasche kommen: Bettzeug und Betten können Sie heut nicht mehr aus ihr rauskriegen.

V o ß. Er behält eben sein altes Zimmer.

J a n *(vertraulich)*. Ja, Herr, das Zimmer ist schon wieder belegt, da is nichts zu machen, das müssen Sie einsehen. — Wenn Sie in der Scheune vorlieb nehmen wollen — — sonst ist es aber höchste Zeit.

V o ß. Ja, es ist gut, nehmen wir also vorlieb. *(Zieht Iver mit sich.)* Es muß genügen, wenn *Sie* es genügend finden; wenn Sie es uns noch obendrein zeigen wollen — —

       (Voß, Iver, Jan ab. Ein Dampferton.)

F r l. I s e n b a r n. Was ist das?

S i e b e n m a r k *(mit geheimem Triumph)*. Der Primus — ja, der fährt ab.

F r l. I s e n b a r n. Und du?

S i e b e n m a r k. Und du — sprich nicht von mir!

F r l. I s e n b a r n. Du wolltest morgen auf die Reise.

S i e b e n m a r k. Morgen? Morgen ist auch ein Tag, er mag für sich selbst sorgen. Du gibst ja nichts auf Gründe; ich habe auch keine — ich will nicht fahren. Übrigens habe ich den Wirt vermocht, daß er uns noch ein Abendbrot besorgt. — *(Da sie widersprechen will, heftig.)* Du kannst doch nicht in der Gesellschaft reisen, wie darf eine Walküre wie du sich so gemein machen!

VII

Besseres kleines Zimmer mit einer Tür nach der Gaststube. Sofa und Tisch in der Tiefe, überm Sofa ein ovaler Spiegel, von der Mitte der Decke eine altmodische Hängelampe, einige Tische. Frl. Isenbarn und Siebenmark vorn am Fenster, während Jan und Stine ab und zu gehen und den Tisch decken.

S i e b e n m a r k. Ich habe zum erstenmal im Leben so etwas wie einen Geschmack am Grammophon. *(Hastig.)* Warum willst du dir die Mühe machen, du bist müde, wie ich sehe, sage nichts — — ich wollte nur etwas von meinen Zuständen in deine Nähe schaffen, nämlich: ich fühle mich selbst als Grammophon. Meine Platten sind deine Worte von heut nachmittag, eine Gummiplatte kann nicht genauer sein — freilich, die Musik ist unhörbar leise in mir.

Frl. Isenbarn. Es ist noch alles Getümmel um mich herum, ich weiß mit den simpelsten Sachen nicht Bescheid — — soll das ein Abendessen werden?

Siebenmark. Nur, wenn du magst. — Habe ich dir erzählt — natürlich nicht, es fällt mir überhaupt zum erstenmal ein, daß es etwas war: ich konnte sechs, vielleicht sieben Jahre sein, da schlugen sie draußen vor unserm Tor an der Schützenwiese eine Budenstadt auf — und natürlich auch ein Tanzzelt und über die Balken, die da schon lagen, aber ohne Bretter drüber, sprangen die Kinder, und ein großes schönes Mädchen fiel dabei und weinte. Weißt du, ich sah etwas, was ich erst heute wiedergesehen habe, ich will nicht fragen, ob du es wissen willst, es muß eben heraus. — *Dich* sah ich sozusagen, es war mein erstes tiefes Erlebnis, ein Vorschauer von dem, was war, als ich dich mitten im Trödel der Leute sah. Du fragst, ohne es zu sagen, warum ich dir, als es um dich heulte, nicht beigesprungen bin — nun, eben weil ich nichts davon spürte — wie im Nebel alles, nur dein Gesicht wie eine matte Sonne. Mir brach die kinderhafte, wie von weither herangewehte Rührung von damals auf — weil da ein Schmerz zu deiner Schönheit kam — oder wie soll ich sagen! Ich fühlte Brennen und Stechen vor Sehnsucht, deinen Schmerz zu teilen, das zu fühlen, was du ... *(Leiser.)* Es war, wie wenn solch ein Schmerz, der aus dir aufblühte, größeres Entzücken gäbe, als alles, was man sonst ...

Frl. Isenbarn. Ja, aber —

Siebenmark. Sei hart, sei bitter, du hast recht — aber was sagtest du doch heute nachmittag, du fragtest, ob du für mich gar nichts Unheimliches, nichts Fremdes hättest — nicht? Ja — viel, unendlich viel. Als Dame führte ich dich hierher, aber die ist neben mir verschwunden. Sollte ich mich mit diesem Venus-Tierarzt herumzanken? Ich? Wir? Ich war doch ein

Gnadenempfänger, und seine Rüpeleien — nun, ich danke ihm, ich muß ihm danken.

Frl. Isenbarn. Dem allein?

Siebenmark. Nun ja — dem andern, durch den das Ärgernis kam, dem danke ich auch. Er hat dich übrigens schnöde verunglimpft.

Frl. Isenbarn. Daß du das nicht verstehen kannst! Nicht uns — — sich hat er verunglimpft, indem er zum Schluß alles umkehrte. Die Geschichte, die er erzählte, nun ja, die war erdacht, aber doch nur, um sich dahinter zu verstecken — hat etwas zum Schein auf sich geladen, um — um . . .

Siebenmark. Ich habe so genau nicht beobachtet — möglich, daß ich irre.

Frl. Isenbarn.
Wie mögen sie ihm noch zusetzen!

Siebenmark. O nein, er hat sich wohl nichts Gutes versehen, und salvieren war der Rest seiner Politik. Sie logieren zusammen in der Scheune, sagt der Wirt — mit wem? nun, natürlich er mit seinem Helfershelfer. Es war doch von Anfang an klar, daß sie zusammen operierten.

Frl. Isenbarn. Ebensogut könntest du sagen, daß ich dabei geholfen habe.

Siebenmark. Liebste, Beste — — aber du magst in gewissem Sinne recht haben. Denke von ihm, was du mußt.

Frl. Isenbarn. Sagtest du nicht, mein — was du an mir sahest, das hätte dich — —

Siebenmark. Ja, das hat mich schlechthin aufgebrochen, in ein neues Reich gehoben.

Frl. Isenbarn. Warum empörte es dich nicht, daß ich auf den »Schwindel« hereinfiel?

Siebenmark. Der Schwindel bleibt allein bei ihm, bei dir war es eben Offenbarung deiner selbst.

Frl. Isenbarn. Das ist es, das ist es!

Siebenmark. Und deine Seele, die mir verhältnismäßig dunstfern war, hat sich mir offenbar gemacht. Deine Unheimlichkeit hat mich krank gemacht vor

69

Verlangen, bei dir heimisch zu werden. Versteh es doch!

Frl. Isenbarn. Jaja!

Siebenmark. Das klingt freilich trostlos.

Frl. Isenbarn. Ich lebe nicht, ich bin nicht, wenn das Täuschung ist, was ich von dem Menschen weiß. Das ist lebendige Gewißheit. Aber du begräbst einen Teil von mir, du schüttest zu, was du verschmähst.

Siebenmark. Kind! Ich will sogar loben, was du von ihm denkst, dich bestärken. Wir wollen etwas unternehmen mit ihm — *(abwehrend)* nicht wir, gut: du sollst es tun, du allein. Er wird Hilfe brauchen, Geld, du hast Geld, hilf ihm damit, von dem, was du mir heut nachmittag angeboten hast.

Frl. Isenbarn. Aber du glaubst nicht an ihn.

Siebenmark. An dich glaube ich, an ihn — das kannst du nicht verlangen.

Frl. Isenbarn. Er nimmt es nicht.

Siebenmark. Mit allen Händen, mit tausend Freuden — es kommt nur auf den Versuch an.

Frl. Isenbarn. Nein, sag ich; du weißt es.

Siebenmark. Ich? Solltest du denken, daß ich dir etwas vorschlage, weil ich glaube, daß ich nichts riskiere? Oh, oh! Du denkst, ich spiele mein Spiel? Nun gut, ja, ich spiele, aber anders als du denkst, es hetzt mich, vor dir dazustehen als einer, dem das so groß geworden bist, daß er den Trödel, den er sonst bei dir nicht missen wollte, nur eben beiseite steckt. Nicht um ihm auf die Beine zu helfen! Nein, ich will mir nur eine Blume ins Knopfloch stecken, um ein Lot festlicher zu scheinen in deinen Augen.

Frl. Isenbarn. Würdest du es nicht bereuen?

Siebenmark. Sollte ich's dann nicht grade jetzt tun? Soll man nicht seine rücksichtslosen Minuten entscheiden lassen, wo man etwas auftischen geheißen wird, um flaue Zeiten abpassen?

Frl. Isenbarn. Das ist gut.

Siebenmark. Du sagtest übrigens schon etwas Ähnliches — aber ich spreche es nicht nur so nach, es ist bei mir auf einen Grund geraten, von dem es wie eine Lerche unter Tausenden wieder aufsteigt.

Frl. Isenbarn. Wir werden hören... Was du tun willst, ist gut, tue es!

Siebenmark. Jetzt?

Frl. Isenbarn. Soll er die Nacht mit dem schlechten Nachgeschmack all der Demütigungen zubringen?

Siebenmark. Na, schön, dann soll er's wissen, bevor wir uns zu Tisch setzen, mir genügte es, daß du es weißt, aber natürlich — es muß perfekt sein. — Und du läßt mir freie Hand?

Frl. Isenbarn. Ganz nach deinem Belieben, aber laß es kein Blümchen sein, das du dir ansteckst, laß es einen tüchtigen Strauß werden. Nütze deine rücksichtslosen Minuten aus.

Siebenmark. Keine Angst — es sind wohl nicht nur Minuten. Eile wäre nicht nötig — aber doch, dir kann es nicht zu schnell gehen; darum hat es Eile.

(Man hört Tritte in der Gaststube, Sieg, ein Zollwächter, im Mantel, das Gewehr über die Schulter gehängt, erscheint in der Tür.)

Sieg *(überblickt den Raum).* Jan — büst du — — ach, guten Aben, ich stör woll? Ich dachte, Jan wär hier binnen.

Siebenmark. Guten Abend, der Wirt ist eben hinausgegangen.

Sieg *(sich umdrehend).* Na, dann will ich...

Siebenmark. Sie brauchen nicht zu denken, daß Sie uns stören. Haben Sie so spät noch Dienst? Sie sind doch Zollwächter, nicht?

Sieg. Stimmt, Herr, jeder Zoll ein Wächter, Sieg ist mein Name.

Siebenmark. Haben Sie Nachtdienst?

Sieg. Ja, bin auf der Tour bis morgen um sechs. Und hier is grade die Hälfte, da setz ich mich für gewöhnlich 'n büschen zum Frühstücken rein. Jan sagt auch, soll man immer sitzen gehen. Eigentlich soll ich draußen bleiben, aber der Oberkontrollör liegt in seinem Bett und denkt woll, Sieg is'n alter

Beamter, der kennt seine Instrukzon. Tu ich auch — bin auch 'n alter Beamter. *(Stellt sein Gewehr an die Wand und sucht unter den kleinen Tischen einen geeigneten Platz.)*

S i e b e n m a r k. Ach, wissen Sie — ich möchte Sie um etwas bitten.

S i e g. Gern, Herr.

S i e b e n m a r k. Wenn Sie mal in die Scheune gucken wollen, da müssen Sie zwei Herren treffen und den jüngsten —

S i e g. Jawoll, das will ich schon machen. *(Nimmt das Gewehr wieder auf.)*

S i e b e n m a r k. Na gut, dem jüngsten sagen Sie bitte, hier wäre ein Herr, der möchte ihn einen Augenblick sprechen, hier nebenan in der Gaststube, wenn er so freundlich sein will, ich hätte ihm eine dringende, geschäftliche Mitteilung zu machen.

F r l. I s e n b a r n. Sagen Sie: eine freundschaftliche Mitteilung.

S i e b e n m a r k. Also — freundschaftliche — als Freund möchte ich ihn sprechen. Wollen Sie das tun?

S i e g. Ich geh schon, is gleich besorgt.

S i e b e n m a r k. Und dann lassen Sie sich ein Glas Bier geben zu Ihrem Frühstück.

S i e g. Danke, Herr! *(Ab.)*

S i e b e n m a r k. So, den hätten wir abgeschlagen, ich will Jan sagen, daß er ihn draußen abfängt, sonst trampelt er noch mal herein.

F r l. I s e n b a r n. Willst du ihn in die — Gaststube bestellen?

S i e b e n m a r k. Er ist unberechenbar, er könnte es für nützlich halten, seinen Tenor durch Schüsse zu unterstreichen.

F r l. I s e n b a r n. Es hat keine Not, bedenke *seine Not,* welcher Art sie auch sein mag, und geh freundlich mit ihm um.

S i e b e n m a r k *(leidenschaftlich bewegt).* Not bedenken? Ja, tue es aber auch, bedenke *du meine Not.*

F r l. I s e n b a r n *(erschreckt, unsicher).* Deine Not?

Siebenmark *(heftig).* In der ich sitze, über und über. *(Geht an die Tür und versichert sich, daß niemand im Nebenzimmer ist.)* Ich bin eben nicht mehr Herr in unserm Bereich; bis jetzt, bis vor ein paar Stunden ging es an, aber jetzt *(setzt sich)* — — bittere Not, hörst du — verstehst du?

Frl. Isenbarn *(tritt an den Tisch, etwas zu ordnen).* Es wird vorübergehen.

Siebenmark *(ihr nach).* Wer denkst du, wer ich eigentlich bin? Der andere, das andere Ich, das hat sich etwas bieten lassen, das ist schlechter behandelt als ein mißratenes Subjekt in einem feinen Hause, von dem keiner etwas wissen darf. Aber er ist entwischt — und wie? Du hast ihn, ohne es zu ahnen, aus dem Loch gelassen. — Deine Schuld! Und nun ist der wilde Mann in Freiheit.

Frl. Isenbarn. Ist das Liebe?

Siebenmark. Was für ein Ton, Liebste — schreckt dich die Verwandlung?

Frl. Isenbarn. Ich hätte etwas andres, Neues in dir freigemacht? Ja, aber auch in mir ist etwas andres freigeworden — ich war eben auch noch bis dahin in mir versteckt und gepreßt.

Siebenmark. Sei ganz los und ledig von allem, was dir lästig war, sei so unbedenklich, wie du nur kannst und mußt! Ich — ich will nichts sein als du — und schließlich, du hast mich gezwungen, es zu glauben, willst du nichts sein als ich. Warum es noch immer verhehlen? Sind wir nicht wie zwei Leute, die aus zwei verschiedenen Fenstern schauen, und jeder spricht von seiner Sonne? So wie heute den ganzen Tag geht es nicht weiter — wir müssen doch einmal ein Ende machen.

Frl. Isenbarn. Aber es wird eben ein Ende und nie ein neuer Anfang.

Siebenmark. Das ist gelehrt und verzwickt.

Frl. Isenbarn. Ja — es kommt so heraus.

Siebenmark *(leise, nachdenklich).* Ich habe schon früher manchmal auf deinem Gesicht einen Ausdruck gesehen — etwas wie ein geheimes Glücklichsein, als ob du mit einer Art Seelenbräutigam wer weiß was vorhattest, du kannst dir wohl denken, wie mich das gequält hat. Heute will mich bedünken, daß dieser Geheime wirklich jemand ist. Kannst du fühlen, was ich fühle?

Frl. Isenbarn. Ob deine Verwandlung mich erschreckt, fragtest du? Ja, sie erschreckt mich.

Siebenmark. Vielleicht tue ich dir sogar leid in meiner Not? Wie? Ist deine ganze Antwort auf alles das nicht mehr als der lächerliche Kram von Bewunderung für einen Taugenichts? Ich merke Licht! Wie wär's, wenn ich ein bißchen bei dem hohen Herrn in die Schule ginge, ist es das, was mir fehlt, daß ich nicht vor Anbetung und Bewunderung geschwellt bin?

Frl. Isenbarn. Was will das Ja oder Nein besagen, wenn man's aussspräche!

Siebenmark. Mir fehlt der Abglanz vom Jenseits, das ist es! Ich weiß nach keiner Seite Kratzfüße vor Petermännchen im Seelenschein anzubringen. Ich bin verstockt vor Zukunftsmonarchen — so ist mein Manko schon heraus.

Frl. Isenbarn. Wenn du es so ansiehst — —

Siebenmark. Und wie siehst du es an?

Frl. Isenbarn. Ich schäme mich, davon zu sprechen, denn ich weiß nichts Besseres als du, aber es muß Besseres geben. Du mußt mir Zeit gönnen, mich zu besinnen.

Siebenmark. Besinne dich nicht, laß, wovor du dich schämst, gut sein — schiebe alles auf mich, ich will alles tragen.

(Sieg kommt zurück, bleibt aber an der Türe stehen.)

Siebenmark. Kommt er schon?

Sieg. Nee, Herr, er hat keine Zeit, sagt er; er hat aber nicht gesagt, was er denn zu tun hat.

Siebenmark. Er will also nicht?

Sieg. Er sagte, wenn es freundschaftlich wäre, könnte es Ihnen ja nichts ausmachen, herauszukommen. Er geht an den Strand.

Siebenmark *(hastig).* Das hat Sinn, das laß ich mir gefallen. *(Zu Frl. Isenbarn.)* Oben ist das ganze Haus zu deiner Verfügung. Niemand stört dich da, du hast Zeit... Und vielleicht dauert es länger, als ich annehme, bis unsere Geschäfte draußen in Ordnung sind. *(Ab.)*

VIII

Strand bei klarer Sternennacht, vor dem Strom heben sich die Personen schwarz ab. Ganz vorn Ufergestrüpp, überhängende, an den Wurzeln unterhöhlte Bäume, Buschwerk und ins Wasser schneidende Sandbänke.
Hans Iver und Siebenmark kommen im Gespräch.

Iver. Nun also?

Siebenmark. Die arme Frau Negendahl — wie?

Iver. Wer? Ach so — ja — die arme Frau — was?

Siebenmark. Ich finde eigentlich doch, daß Sie moralisch verpflichtet sind, ihr zu helfen.

Iver. Doch?

Siebenmark. Ja — entschieden.

Iver. Geben Sie bald Hochzeit?

Siebenmark. Interessiert Sie das?

Iver. Gewissermaßen — ja. Sie erlauben doch, daß ich mich ebenso ungeniert in Ihre Angelegenheiten mische, wie Sie sich in meine?

Siebenmark *(lacht).* Herre — nicht wahr, Iver sagten Sie — also Herr Iver. *(Klopft ihm auf die Schulter.)* Sie sind wohl sehr müde — erschöpft, selbstverständlich. Aber Sie sollten doch nicht aus der Rolle fallen. Sie fangen nämlich an, sich ernst zu nehmen. Ein kleines Versehen, aber immerhin ein Fehler.

Iver. Sie haben recht.

Siebenmark. Ich wollte nämlich von der hypothetischen Frau Negendahl sprechen, und Sie fangen von meiner Hochzeit an. Wir wollen doch bei der Stange bleiben, nicht aus dem Ton fallen. Also, nun ... bin ich nicht gekommen, Sie allein auf Ihre Schuldigkeit gegenüber dieser hypothetischen Frau aufmerksam zu machen, sondern ... *(scharf)* mit wieviel Geld bin ich eigentlich in Ihrer Schuld, Sie erinnern sich doch, daß Sie mir seinerzeit einen größeren Betrag vorstreckten?

I v e r. Ich — Ihnen? Ja so — gewiß — ich weiß.

S i e b e n m a r k. Ausgezeichnet! Ich kann es Ihnen nämlich einigermaßen bequem wiedererstatten. Nur ist es mir entfallen, wie hoch sich die Summe belief. Was sagen Sie?

I v e r. Wieviel?

S i e b e n m a r k. Wieviel Mille, ich weiß es wirklich nicht mehr genau.

I v e r. Aber ich.

S i e b e n m a r k. Nun? Zwei, drei?

I v e r. Nein, fünf.

S i e b e n m a r k. Nein, da irren Sie sicher — jetzt fällt's mir ein, es waren sieben.

I v e r. Gott bewahre, zehn!

S i e b e n m a r k. Auch gut — wie also?

I v e r. Nein, zwölf.

S i e b e n m a r k. Ach, jawohl, also zwölf?

I v e r. Ohrenabschneider!

S i e b e n m a r k. Wie sagten Sie?

I v e r. Geben Sie her.

S i e b e n m a r k. Ja, bester Herr Iver, soviel Geld hat niemand bei sich. Ich werde Ihnen einen Scheck ausstellen.

I v e r. Ohrenabschneider, sage ich!

S i e b e n m a r k. Sie scheinen im Augenblick nicht recht geschäftswillig zu sein; wie wäre es, wenn ich die Formalitäten mit Ihrem Herrn Kompagnon in der Scheune erledigte. Sind Sie einverstanden?

I v e r. Ja, machen Sie's mit meinem Kompagnon ab. Haben Sie jetzt Ihr Vergnügen ausgekostet, Herr Zwieback, sind wir also quitt?

S i e b e n m a r k. Ich sollte denken.

I v e r. Adieu, Herr Zwieback. *(Verbeugung.)*

Siebenmark *(gleichfalls.)* Ich danke Ihnen, guten
   Abend.
*(Sie gehen beide in derselben Richtung weiter, ver-
   schwinden und kommen wieder.)*
Siebenmark. Was Sie unter Männern wert sind,
   das wissen wir ja nachgerade, aber, wenn Sie mit
   Weibern allein sind, das ist noch ein Problem.
Iver. Was heißt das — Weib ist Weib. Ob Sie und
   das Fräulein Braut — oder ich und die Meta oder
   die Doris — oder — alles eins!
Siebenmark. Wollen Sie geprügelt werden? *(Faßt
   sich.)* So, so — das ist mir neu, ich bin nämlich ein
   klein wenig eingebildet auf meine Braut — aber
   Ihre Meinung hat natürlich Hand und Fuß?
Iver. Wollen Sie bestreiten, daß Sie in Ihrer Braut
   nur sich selbst erkennen, nur verkappt, in andrer
   Gestalt, mit Lock- und Reizmitteln besetzt?
Siebenmark. Nein, ziehen Sie eine andre Walze auf.
Iver. Da kommt vom andern Ende der Welt etwas
   Unbegreifliches — aber Sie — Sie denken: Sieh da,
   Zwieback! Und das nennen Sie dann Frau Sieben-
   mark.
Siebenmark. Sind Sie nun zu Ende?
Iver. Nein, durchaus nicht; wissen Sie, was nun
   kommt?
Siebenmark. Sehen Sie sich vor!
Iver. Also, Frau Siebenmark, sage ich, nicht mehr
   und nicht weniger. *(Lauter.)* Und es war doch ein-
   mal etwas Unbegreifliches! In Gedanken haben Sie
   ein Selbstporträt gemacht aus Ihrer Braut, noch dazu
   ein gemeines, geschmeicheltes. Das muß nett aus-
   sehen: Frau Siebenmark als Zwieback! Donnerwetter,
   was für Unzucht haben Sie mit sich selbst getrieben:
   Haben sich in Ihre Braut verkleidet und verkörpert,
   und nun denken Sie an Ihre Phantasien!
Siebenmark *(schlägt ihn).* Weiter!
Iver. Ich weiß auch, wie man sich erbricht über das
   Pack, in das man sich verloren, verwandelt hatte.
Siebenmark *(faßt ihn an der Kehle).* Weiter!

77

I v e r. Aber nun wird's anders: Frau Siebenmark wird
sich über Herrn Siebenmark erbrechen. *(Schreiend.)*
Sie haben Ihr faules Selbst in ein besseres ein-
gezwängt, Sie machen sie trächtig mit Schmutz!
Guter Herr, es tut weh!
S i e b e n m a r k. Es kitzelt mich zwischen den Rippen,
wenn ich schlage — reden Sie nur weiter!
I v e r. Nehmen Sie den Revolver — es ist vielleicht
noch eine Patrone drin — da! *(Gibt ihm den Revolver.)*
S i e b e n m a r k *(nimmt ihn)*. Weiter!
I v e r. Es ist alles eins: wir entleeren uns selbst, schüt-
ten Unrat aus und füllen andere damit an. Sie krat-
zen einer Göttin die Augen aus und setzen Ihre
Bocksaugen dafür ein — staunen und wundern sich
und sagen: ihre Augen sind mein Himmel!
S i e b e n m a r k. Schön, passen Sie auf. *(Drückt vergeblich ab.)* Nochmal. *(Wieder abgeschnappt.)* Aber
jetzt. *(Drückt mehrere Male ab, ohne Schuß.)* Also
doch nicht! *(Schleudert die Waffe ins Wasser. Sie
stehen sich keuchend gegenüber.)* Wer fühlt sich nun
geprügelt, der Gott in Ihnen oder Ihr geringes
Selbst? Wie ist Ihnen?
I v e r. Sollte es nicht sicher sein, daß sie eines Tages
sagt: Ich hab's mir anders gedacht?
(Siebenmark schweigt.)
I v e r. Oder hätte ich das Fräulein zu hoch eingeschätzt,
es dämmert die Möglichkeit, daß sie sich in Ihnen
wiederfindet. *Sich in Ihnen,* und dankt Gott obendrein!
S i e b e n m a r k. Etwas wie Sie an verdammter Nieder — — tracht — —
I v e r. Sollten Sie mich vielleicht für interessiert halten, sind Sie toll? Nein, nein, ich habe Geruch für
Qualität, merken Sie sich das — und da ist der
nächste Misthaufen grade gut genug für mich: weg
mit Aas auf Dung!
S i e b e n m a r k. Ich höre nicht mehr zu.
I v e r. Aber heißes Blei ignorieren Sie wohl nicht?

Nein — ich an Ihrer Stelle würde in genau den-
selben Fehler verfallen. Stellen Sie sich vor: Ich an
Ihrer Stelle! das heißt: Ich und sie sprechen von
Gott, und ich blase ihr ein, seit ich sie kenne, glaube
ich wieder an einen Gott. Tatsache aber ist, daß ich
mich als Gott bei ihr einschwärze, in Gottes Namen
kratze ich ihr Scham und Zurückhaltung aus der
Seele und eifere sie an, daß sie sich meiner halb-
garen Hoffnungen annimmt und mir so recht gebut-
tert und geschmalzen, duftig-süß bereitet — — o ja,
ich mache ihre Hingebung zu meiner Schweißjacke.
S i e b e n m a r k. Ich weiß wirklich nicht, wovon Sie
sprechen — *(ausbrechend)* aber nun ist's genug!
I v e r. Oh, ich spiele ihr auf — eine geistliche Melodie
und führe sie zum Glauben an meinen Geist. Da
liegt sie denn und schmachtet sich aus. Weil mein
Geist Platz braucht, wird ihrer in die Kloake getan.
Bravo, ich setze mich ins warme Nest und räuchere
alles aus, was mir nicht mit Gefälligkeit dient.
S i e b e n m a r k. Sprechen Sie immer noch von sich
selbst?
I v e r. Kriecht Ihnen so etwas wie ein Gefühl über die
Leber, daß ich am Ende doch nicht unwürdig wäre?
S i e b e n m a r k. Bestie!
I v e r. Gedanken lassen sich nicht überschreien, sie
kriechen durch den Magen in die Nieren und dann
gibt's Kolik, passen Sie auf! Aber bleiben wir bei
unserer letzten Annahme: Ihre Braut ist Frau Sie-
benmarks wert. Hm?
S i e b e n m a r k. Was soll ich machen, geprügelt sind
Sie doch!
I v e r. Denunzieren Sie mich — Sie werden ja sehen,
ob Ihre Braut sich bei Ihnen auf plattem Boden zu
Hause fühlt; was haben Sie?
S i e b e n m a r k *(schreiend)*. Nein, das tut sie eben
nicht!
I v e r. Das ist gut, ganz vornehme Sorte! Aber nun
müssen Sie auch was tun. Zurückstehen, den Atem
anhalten — hören Sie?

S i e b e n m a r k *(keuchend)*. Das ist nur deine Mache.
I v e r. Sie machen mich beinah stolz — aber ich weiß
es besser.
S i e b e n m a r k. Was — was! *(Schwingt die Fäuste.)*
I v e r. Na, wer weiß, vielleicht haben Sie sich gar zu
bequem bei ihr zu Tisch gesetzt. Schmatzen vertragen manche nicht von vornherein. Erst müssen sie
ausgepowert sein, armgeseelt, schalgesalzt — dann,
ja dann dulden sie üble Gerüche und das ganze
faule Selbstsein eines andern in sich, vorher nicht, *sie*
nicht!
S i e b e n m a r k *(unartikulierte Schimpfworte aus-
stoßend)*. Ich will's nicht hören, ich kann nicht mehr,
lieber bersten, bellen, blöken, heulen. *(Stürzt fort.)*

IX

Eine Stelle am Strande weiterhin.

S i e b e n m a r k *(tobend, schäumend)*. Sie weiß es
nicht! Sie weiß es doch! Doch weiß sie's! Sie weiß,
daß du so einer bist, so einer, grade so einer! — —
Und so einer muß kommen und sich vor ihr auf die
Beine stellen und vom wilden Mann reden, der los
ist! Ich bringe dich um, du Hund, du Ich, wenn du
hier noch weiter herumläufst und weißt und be-
denkst und es nicht los wirst, bei dir herumzuwüh-
len, daß sie's weiß. Sie weiß es vielleicht doch nicht!
(Wütend.) Was? Was? Was — noch einmal, nur noch
einmal! *(Wischt sich den Schaum ab.)* So was kann
man sich abwischen, aber das, das, das! *(Bückt sich.)*
Wauwau, die ganze Welt ist hündisch geworden. —
— Ihr Name ist Siebenmark, verstehen Sie? Darum
ist eben alles siebenmärkisch: Ihre Braut und die Vor-
stellungen Ihrer Braut von ihrer Brautschaft und alles,
alles! Wer schafft die siebenmärkische Welt aus der
Welt: ein Preis wird ausgeboten! Wer macht die Braut
Siebenmarks zur Braut ohne Siebenmark, aber wohl-
gemerkt, immer vorausgesetzt, daß ich — ich — ich,

das heißt doch immer noch Siebenmark — also: zu was denn dann? Kommt dann noch etwas?

(Iver und Sieg kommen zusammen am Strand entlang und biegen am Gebüsch um die Ecke. Bleiben stehen.)

S i e g. Ja so: Der Herr spricht mit sich selbst!

(Siebenmark weicht verwirrt einen Augenblick zurück, wendet sich dann wieder nach vorn und geht an beiden vorüber, als sähe er nichts. Sieg will ihm nach.)

I v e r *(hält Sieg zurück)*. Lassen Sie den Menschen doch!

(Siebenmark kehrt stracks um und geht heftig ausschreitend auf sie zu, sie biegen aus, und wie er sich gleichfalls wendet, stolpert er und fällt; beim Aufstehen erkennt ihn Sieg.)

S i e g. Ach, das ist ja der Herr, der bei der Dame im Zimmer war!

S i e b e n m a r k. Was haben Sie denn hier herumzuspionieren?

S i e g. Ich bin im Amt, Herr, auf der Tour nach Braak.

S i e b e n m a r k *(zu Iver)*. Ja, richtig — deswegen kam ich zurück. Sie wissen — wegen des Geldes, es fällt mir ein, daß ich Ihnen eine ganz anständige Anzahlung machen kann. *(Langt nach der Brieftasche.)* Und Sie geben mir Quittung; das ist nu mal Usus so, das müssen Sie gelten lassen. Da, nehmen Sie — ein, zwei, drei, vier — fünfhundert, mehr ist momentan nicht aufzubringen. Bitte! *(Iver hat die hastigen Worte nur halb verstanden, nimmt die Scheine, die er kaum erkennt, automatisch in die Hand.)*

S i e b e n m a r k *(zu Sieg)*. Haben Sie nicht eine Laterne, daß ich schreiben kann?

S i e g. Ist zur Hand, Herr. Verpusten Sie sich man, bis ich angesteckt habe. Sie dachten wohl vorhin, die Luft hätte Ohren. Hat sie auch, hat sie auch, aber kein Maul, sie sagt nichts weiter.

S i e b e n m a r k. Ach was, Sie haben sich verhört, ich rief nach meinem Hund.

S i e g. Ihr Hund — wo ist denn der?

S i e b e n m a r k. Ins Gebüsch gelaufen.

S i e g. Ja, Herr, da sind viele Karnickel in den Ber-

gen. *(Die Laterne brennt.)* So, wo soll ich nu hin-
leuchten?

I v e r *(nimmt die Laterne).* Ich will schon halten. Der
Herr will ein paar Zahlen schreiben. Nehmen Sie
mal das Geld in die Hand.
(Sieg nimmt die Geldscheine.)

S i e b e n m a r k *(schreibt).* So — so — unterschreiben
Sie bitte. *(Gibt ihm den Stift und hält ihm das Papier
hin. Iver beleuchtet es und liest.)* Sie sollen schreiben,
zum Donnerwetter, halten Sie mich nicht auf, ich
muß meinen Hund suchen.

I v e r *(liest noch einmal, laut).* Von Herrn Siebenmark — fünfhundert — — empfangen — — Sie
meinen es also ernst damit?

S i e b e n m a r k. Bargeld, Herr Iver, blaue Lappen.
Sehn Sie sie nur an. Was bedenken Sie sich?

I v e r. Ich brauche es wirklich nicht so nötig.

S i e b e n m a r k. Nicht genug für heute? Ich schulde
Ihnen im ganzen zwölftausend. *(Zu Sieg.)* Haben
Sie's gehört?

S i e g. So viel? *(Zu Iver.)* Das haben Sie ihm alles
geliehen?

I v e r. Dummheiten, er schuldet mir gar nichts, ich
will nichts von ihm. *(Zu Siebenmark.)* Machen Sie
mich auch zum Siebenmark? Sie können wohl nicht
anders: »siebenmärkische Welt« und so weiter. Wissen Sie noch?

S i e b e n m a r k. Fackeln Sie nicht lange, greifen Sie
zu, schreiben Sie unter — oder ich garantiere Ihnen,
daß Sie keinen Dreiling bekommen.

I v e r *(zu Sieg).* Der Mensch will heiraten und schmeißt
so mit Geld um sich.

S i e g. Wenn Sie es wirklich nicht brauchen, können
Sie der jungen Frau Siebenmark ja zur Hochzeit was
davon schenken. Sehn Sie woll, dann bleibt's in der
Familie. Is wieder siebenmärkisches Geld. *(Lacht.)*

S i e b e n m a r k. Ist ja auch egal, macht was Ihr
wollt! *(Pfeift.)* Viehzeug, willst du parieren! *(Er
stürzt fort ins Gebüsch.)*

S i e g. Ja, Herr, denn hilft es woll nich, denn heißt
es einsacken, sind Sie so gut!
I v e r *(die Hände auf dem Rücken)*. Sie hören doch,
nicht mein Geld!
S i e g. Was soll ich mit dem Zeug anfangen? *(Ruft.)*
Herr, Herr ...
S i e b e n m a r k *(in der Ferne)*. Wau, wau!
S i e g. Warten Sie, ich bringe Ihnen Ihr Geld.
S i e b e n m a r k *(ebenso)*. Warten Sie, bis ich zurück-
komme. Passen Sie auf, momentan beiß ich, Sieben-
mark, der Köter!
S i e g. Wenn dat'n Spaß bedüden sall, weet ick nich ...
Muß doch zukucken, daß ich ihn zu fassen kriege.
(Er geht ihm nach ins Gebüsch.)
I v e r *(setzt die Laterne auf den Sand, hockt frierend
daneben)*. Man könnte denken: Hast du Vergnügen an
deinem bißchen Leuchten? Oder willst du nicht lieber
versaufen? Dein Licht geht von selbst aus. Wer weiß,
wenn ich mich ins Gebüsch lege — — ich will mich
aufs Lauern verlegen, und so wollen wir still um die
Wette leben und sterben. *(Er verkriecht sich im Gebüsch, die Laterne brennt einsam weiter.)*

X

Sandberge mit Gebüschen und Heidekraut. Sternhimmel.
S i e b e n m a r k *(pfeift)*. Willst du ran, willst du
kuschen! *(Schlägt mit einem Knüppel in den Sand.)*
Stillgehalten, Bestie! Wie heißt du noch? Siebenmark?
Da hast du dein Teil Fußtritte, nochmal, nochmal:
so, das tut gut, du Bestie, ich Köter!
S i e g *(in der Nähe)*. Herr Siebenmark!
S i e b e n m a r k. Immer ran!
S i e g *(tritt aus dem Gebüsch)*. Nee, Herr, das hörte
sich ja meist schauerlich an, wie Sie hier schreien.
Sollten hingehen und ausschlafen, denn sind Sie mor-
gen wieder nüchtern.
S i e b e n m a r k. Eben, so wie ich's mache, so durch

die Nacht gebölkt, das bekommt mir am besten. Ich
habe doch jemand auf dem Gewissen — da muß
man saufen. Ich muß mich übrigens schnell mal über-
geben, bleiben Sie ruhig da. *(Geht ins Gebüsch.)*
Wieviel Patronen haben Sie bei sich?

S i e g. Fünf — müssen wir alle Jahre vorweisen. — —
Und dann wollt ich Ihnen auch Ihr Geld wieder-
geben ...

S i e b e n m a r k *(kommt wieder heraus)*. Wissen Sie
was? Behalten Sie's und dann lassen Sie mich in
Frieden, vom Geld brauchen Sie weiter nichts zu
sagen.

S i e g. Nee, Herr, von so was steht nichts in der Instrukzon — wenn ich auch stillschweig, Sie brüllen's
ja doch mal raus. Sind Sie nu fertig?

S i e b e n m a r k. Ach was — ich mag nicht mehr, gute
Nacht.

S i e g. Nee, Herr, das geht so nich, allein kann ich Sie
nich gut lassen, wer weiß, was noch passiert. —

S i e b e n m a r k. Wenn Sie Zahnschmerzen hätten wie
ich, würden Sie noch ganz andre Stückchen aufführen,
kann ich Ihnen sagen.

S i e g. Das hat aber alles nix mit dem Geld zu tun.
Ob Sie Zahnschmerzen haben oder nich, ich muß
mich an Sie halten.

S i e b e n m a r k. Hören Sie mal, glauben Sie an Gott?

S i e g. Ja, das tu ich woll.

S i e b e n m a r k. Haben Sie ihn schon mal gesehen?

S i e g. Ach, machen Sie keinen Unsinn.

S i e b e n m a r k. Na, sehen Sie — sowas weiß man
nicht genau, aber Menschen können Sie sehen. Glauben Sie wohl, daß es aber mal so rauskommen kann,
daß Sie nicht wissen, ob sie Sieg sind oder nicht?

S i e g. Ja, Herr, das klingt schon ganz vernünftig.

S i e b e n m a r k. Können Sie sich nicht vorstellen, daß
ich jemand anders wäre als Siebenmark?

S i e g. Ja, das könnt ich woll.

S i e b e n m a r k. Das können Sie eben nicht! Das
kann kein Mensch, keiner macht sich die Umstände.

Und dabei bin ich wirklich nicht Siebenmark, ich bin Sieg, alle sind Siegs — vor Ihnen nämlich. Davon kann man verrückt werden.

Sieg. Na, wenn Sie davon verrückt werden, denn werden Sie auch bald wieder vernünftig — zum Verrücktwerden sind die Siegs nicht splienig genug.

Siebenmark. Man behandelt die Menschen, als ob sie man selbst wären, und wenn man sie niederträchtig behandelt, denn weiß man ja, was man selbst verdient.

Sieg. Ja, ganz in Ordnung.

Siebenmark. Na, doch wohl nicht. Stellen Sie sich mal vor: Da kommt jemand aus dem Gebüsch heraus, sehn Sie genau hin — so! Und wenn Sie genau hinsehen, rufen Sie schon: Sieg, wo kommst du bloß her? Und er kommt ran und sagt: Guten Tag, Sieg, wie geht's, Sieg?

Sieg. Da kann einem ja gruselig bei werden.

Siebenmark. Sowas ist mir heut passiert, wissen Sie. Und nun kommt das Verrückte, wenn andre nun doch mal anders sind als Siegs, man sieht aber bloß Siegs in der Welt — soll man da nicht ausreißen wie ein Affenpinscher, der in einen Spiegel hineinbellt, und es heult ein Wolf heraus? Hm?

Sieg. Ja, Herr, das sind so Gedanken . . .

Siebenmark. Na, gute Nacht, Siebenmark! *(Will gehen.)*

Sieg. Gute Nacht, Herr Siebenmark. *(Will folgen.)*

Siebenmark. Wo gehen Sie hin?

Sieg. Mal sehen, vielleicht hierhin, vielleicht dahin.

Siebenmark. Ich brauch aber keinen Reserve-Siebenmark.

Sieg. Gehen Sie man immer gradeaus, dann merken Sie nichts von ihm.

Siebenmark. Na, denn man zu.

(Gehen weiter.)

XI

*Am Strand, die brennende Laterne steht noch auf dem
Sand. Siebenmark, von Sieg gefolgt, kommt und steht
verdutzt vor der Laterne still.*

S i e b e n m a r k. Darüber kann man nun wirklich tiefsinnig werden — mir ist doch, als wäre ich hundert
Jahre gewandert, hin und her, auf und ab und Caro
Sieg, mein Hund, hinterdrein. *(Hebt die Laterne
hoch.)* Und was hier an dieser Stelle passierte, hat
sich höchstens ein Stündchen abgekühlt.

S i e g. Ja, Herr, sie hält woll noch für ein andres
Stündchen Öl — aber ich sollte denken, an dieser
Stund wär's genug.

S i e b e n m a r k. Ach Gott, mir ist inzwischen Moos
auf dem Kopf gewachsen, mein Gedächtnis wackelt
mit dem Schopf — und doch war die Leuchte schon
dabei — was war es noch?

S i e g. Na, doch das mit dem jungen Herrn und der
Geldsache — ich hab's noch in der Hand — — hier.

S i e b e n m a r k. Herrgottherrgott still, mir dämmert
was — reden Sie nur nicht weiter, greulich, greulich —
— ich war ausgelöscht so lange, ein gut Stück Ewigkeit, aber die Lampe wacht — und wacht weiter.

S i e g. Aber vielleicht wachen die andern Herrschaften
auch noch?

S i e b e n m a r k. Ach, tünen Sie nicht von Geschichten,
die hundert Jahre alt sind. Für eine Schlafratze kann
eine Stunde hundert Jahre im Bauch haben — ich
will weiter schlafen. *(Stellt die Laterne nieder. Sie
gehen weiter am Strand.)*

I v e r *(aus dem Gebüsch).* Der hat Ratten im Leib —
und er rennt, weil sie ihn beißen und bedenkt nicht,
daß sie Stücke von ihm selbst sind. *(Er steht krumm
und steifgefroren vor der Laterne, geht dann rechts
ab, kehrt aber wieder um, versucht es dann links,
bleibt stehen und zuckt die Achsel.)* Rechtslinks,
Linksrechts — links ist für mich grade so richtig wie
rechts, und rechts ist nicht besser als links. *(Faßt die*

Laterne und hält sie hoch.) Es läßt sich nicht leugnen, vor meinen Augen ist die Latüchte heller als der Sirius, eine Tranlampe überscheint ihn. Es muß eben jeder selbst sehen, wie er's macht, daß diese selbstige Funzel nicht alle himmlischen Lichter auslöscht. *(Setzt die Laterne wieder hin.)* Ja, ja, du mein blinkender Doppelgänger da oben und du kluger Siebenmark, wie blank bist du — und dein Wackeln am Firmament ist nur ein Frostschauern der Ewigkeit, und Siebenmarks ganzes Leben ist nur ein schneller Frostschauer seines Ewigen, nichts weiter. Nein, es stimmt auffallend, wir sind erkannt. Strahlender Voß, auch du schüttelst dein Haupt? Lachst du? Ist der ganze brave Voß hienieden ein bloßer Spottgedanke über dich selbst, der dir durchs Hirn blitzt? Juckt euch Ewigen einmal nach einem Flohbiß der Zeit, einen Augenblick, aber dann geknackt — nicht? Macht euch brav lustig, immerzu — euch darf einmal ein Wind entfahren, fährt herum und nennt sich Voß, Siebenmark, Iver, bläht sich solange als Teil von euch, bis die Blase platzt — — alle ihr — — du gelbe Großmutter verkneifst dir ein Lächeln, wie bist du weit. *(Dreht sich um.)* Stiller Vater, milde Mutter — all ihr andern leuchtenden Seelen — *(schlägt sich vor den Kopf)* — seid nur summende Bienen in meinem Bienenstock!

Kannst du je verlöschen, blau-grünflackernde Frau Siebenmark? Aber wo läuft dies alles hin — mehr rechts — mehr links, das ist die Frage. Aber es muß ja nicht gelaufen sein, es gibt nicht rechts, es gibt nicht links mehr, Gott, ich danke dir Gott, daß du das alles von mir losmachst. Es gibt bloß noch hinauf, hinüber, trotz sich — über sich.

(Er verkriecht sich wieder im Gebüsch. Die Laterne brennt trübe weiter, flackert einige Male, wie im Verlöschen. Der Vorhang senkt sich langsam bis herab, geht dann ebenso langsam wieder hoch. Siebenmark, hinter ihm Sieg, gehen stumm vorüber, verschwinden und erscheinen von der andern Seite.)

S i e g. Nu is es aber genug, Herr, ich bin hunde-
müde.

S i e b e n m a r k. Und ich schlafe wie ein Dachs —
nur nicht munter werden, nur nicht reden.

S i e g *(nimmt die Laterne an sich)*. Sie sind nu ganz
ruhig, und ich muß heut Nacht noch bis Braak. Was
das Geld anbelangen tut *(tritt zurück)* — das
hab ich fein zusammengerollt und, als wir im Sand
den Hügel raufstolperten, in Ihre Tasche gestopft.
Sehn Sie man zu, ob's richtig is.

S i e b e n m a r k. Es schadet nicht, wenn's nicht richtig
ist. Na, denn adjö, schönen Dank auch — *(holt ein
Stück Geld aus der Westentasche)* — trinken Sie eins
auf meine Gesundheit.

S i e g. Danke, Herr, das tu ich gern, soll ein gesunder
Schluck werden, da können Sie ganz ruhig bei sein.
Adschüs, kommen Sie gut hin.

S i e b e n m a r k. Und Sie gut nach Braak.

S i e g *(öffnet die Laterne, um sie auszudrehen, sieht
dabei ein Stück von dem liegenden Iver, leuchtet
heran)*. Wenn der junge Mann hier solange im Sand
gelegen hat, wie wir uns warm gelaufen haben —
na, na, na — hallo, was ist das! Kommen Sie doch
mal schnell ran, Herr Siebenmark, können Sie sehen?

S i e b e n m a r k. Ja, ein Mensch.

S i e g. Nee, nee, so einfach is das nu nich. *(Leuchtet
näher.)* Da is was los mit dem, er hat sich das Zeug
über der Brust aufgerissen — — und den Mund hat
er voll Blut. Ich sag es ja, er hatte so was vor und
hat die Gelegenheit abgepaßt.

S i e b e n m a r k *(nimmt die Leuchte und kniet)*. Ob
man was davon sehen kann? Naja — da ist es,
sehen Sie den dunklen Flecken auf der Brust, ob das
ein Kugelloch sein kann?

S i e g. Hat er was in der Hand, einen Revolver oder
so was?

S i e b e n m a r k. Ich sehe nichts. *(Leuchtet herum.)*
Nein, nein, nichts zu finden. Überhaupt, den Revolver, den er bei sich hatte, habe ich selbst ins Wasser

geworfen. Aber es hieß schon heute nachmittag
so — — wie, wenn — — wir glaubten es nur
nicht.

S i e g. Tot wird er doch sein?

S i e b e n m a r k. Meinen Sie vielleicht, daß er sich nur
so einen Spaß mit uns macht? Passen Sie auf, er will
uns erschrecken, gleich steht er auf — oder fährt
hinan.

S i e g. Mir scheint doch, er liegt so fest, wie man nur
zuletzt liegt.

S i e b e n m a r k. Warten Sie hier, ich will schnell hingehen und jemand holen, daß wir ihn ans Haus
bringen.

S i e g *(setzt die Leuchte neben Ivers Leiche).* Ja, dann
gehen Sie man zu.

*(Siebenmark geht; einige Augenblicke später verlöscht
das Licht.)*

XII

*Die Scheunendiele in Lüttenbargen. Ivers Leiche wird
von Siebenmark, Voß und Sieg hineingetragen und in
der Tiefe auf Heu niedergelegt. Siebenmark geht zuerst
wieder hinaus, dann folgen Sieg und Voß.*

*Frl. Isenbarn, verstört, erkennt den Toten; da man
Schritte hört, macht sie eine unwillkürliche Bewegung,
als wollte sie die Tür verschließen, am Eingang trifft
sie mit Siebenmark zusammen.*

S i e b e n m a r k *(tonlos).* Schläfst du nicht?

(Frl. Isenbarn weist auf Ivers Leiche.)

S i e b e n m a r k. Ja — was denn! Weil ich sah, daß
die Lampen unten noch brannten, mußte ich doch
nach dir sehen.

(Frl. Isenbarn teilnahmslos und stumm.)

S i e b e n m a r k. Was geht hier vor? Machst du aus
einer simplen Sache einen Vorfall? Es sieht ja so aus,
als wären zwei ertappt, und der arme Missetäter,
der Dritte, darf sich zu Tode schämen ... er darf

doch wohl darum bitten, daß man ihm sagt, was er getan hat?

(Frl. Isenbarn bleibt stumm.)

Siebenmark *(für sich)*. Mein Fräulein Braut hat doch wohl einen Vornamen; aber merkwürdigerweise habe ich sie nie dabei genannt. Es machte mir keine Mühe, ihr auf jede Gelegenheit einen zu erfinden. Aber ich muß wohl einmal ... *(scharf)* Lena!

(Frl. Isenbarn zuckt zusammen, sonst wie oben.)

Siebenmark *(gegen Iver)*. Verehrter, werden *Sie* sich vielleicht bequemen zu erklären, was los ist? — — *(Pause.)*

Siebenmark *(geht hin und schlägt die Leiche)*. Stehen Sie auf, hoher Herr, Sie haben kein Recht zu schweigen.

Frl. Isenbarn. Damit hast du mich geschlagen.

Siebenmark. Also — so einig fühlt ihr euch? Ich möchte ein wenig schwatzen.

Frl. Isenbarn. Wir nicht.

Siebenmark. Ihr nicht! Aber wie sonst als mit Worten wollt ihr euch an mir rächen — ich weiß keine andere Möglichkeit als zu schwatzen — — zwei gegen einen.

Voß *(steckt den Kopf zur Tür herein)*. Ich kann sie nirgends finden. — *(Tritt ein.)* Ach so — hier — na, da wird mich niemand brauchen. *(Will zurück.)*

Siebenmark. Ist hier nicht Ihr Ort für die Nacht? Bitte sehr, bitte dringend, wir bleiben nur einen Augenblick. Wir stören nicht im geringsten, nicht wahr? Wir sind annehmbare Leute — nein, keinesfalls sollen Sie wieder hinaus.

Voß *(setzt sich in eine Ecke)*. Unser braver Sieg formuliert im Marschieren seine Meldung an den Bezirkswachtmeister. Es geht alles ordnungsmäßig zu im Lande. Wer tot ist, wird noch einmal extra mit Federn erstochen, sonst ist sein Tod nicht waschecht.

Siebenmark *(in bezug auf Iver)*. Wollte er nur sein Licht leuchten lassen, jetzt wär's an der Zeit, aber er hat sich zur unrechten Zeit in Dunkel gehüllt.

90

— Wir alle, die wir so versammelt sind — —
Jünger, Kompagnons, Seelenfreunde: Meister, wir
warten auf dich! Wollen wir uns nicht arrangieren?
Der meistbeteiligte Mörder, sollte ich meinen, voran,
die Hinterbliebenen natürlich hintennach, der Herr
Kompagnon, in Anbetracht seines schwärzlichen
Taschentuches, im Schatten.

Frl. Isenbarn. Mörder sagst du?

Siebenmark. Bitte schön, macht es sich schlecht?
Offenbar nicht. Nun wollen wir ihn mal ansingen.
(Zu Frl. Isenbarn.) Ja, was ist das für eine verdutzte
Miene? Kann man seine Sache besser machen?

Frl. Isenbarn. Ich mußte etwas denken.

Siebenmark. Denken? Haben wir heute nicht
genug davon?

Frl. Isenbarn. Oh — eine Phantasie! Dies: er
hätte dich umgebracht — er ist der Mörder hier.

Siebenmark. Und du willst mich danach natürlich
wieder springlebendig machen! Wollen wir tanzen?
Um ihn rum, immer rum, immer rum? *(Er fängt an
zu tanzen.)* Übrigens! *(Er zieht sie an die Leiche
heran.)* Damit du die ganze Wahrheit weißt: ehe er
starb, sprach er von dir, ja, er liebte dich toll und
doll, sozusagen. Aus euch wäre ein Paar geworden!
Man sieht — er muß wieder auferstehen! Im Ernst,
zwar pessimistisch verzweifelt, liebte er dich —
sonst kein Zweifel. *(Macht Tanzschritte.)* Die Sache
stimmt. *(Schreit die Leiche an.)* Stehaufmännchen,
besinn dich! — — — In Gedanken hab ich's getan,
ja. Ist man schon ein Mörder, wenn man jemand tot
wünscht? Ich war es sonst wirklich nicht, Liebste, ganz
gewiß nicht. Aber er, mit seiner Großherrlichkeit hat
er mich umgebracht, das wollen wir festhalten. »Frau
Siebenmark«, damit brachte er mich um, mit »Frau
Siebenmark« stieß er mich durch und durch. *(Zur
Leiche.)* Steh auf — soll sie Frau Siebenmark werden? Hoher Herr, was für ein reserviertes Betragen,
Sie sollten handeln — oder liegt Ihre Stärke doch
einzig im Verneinen — ist das Ihr Geheimnis?

F r l. I s e n b a r n. Nein — liegenbleiben.

S i e b e n m a r k. Was du sagst! Ist es dein Ernst — Aber warum fragen! *(Zur Leiche.)* Liegenbleiben, hörst du? Untersteh dich nicht — — — nun, wir werden ja sehen, wem von uns beiden er am liebsten gehorcht.

F r l. I s e n b a r n. Ich will dir etwas sagen.

S i e b e n m a r k. Du kannst es auch nachlassen. Worte sind keine Groschen, die man zurückgeben kann, und läßt es genau so werden wie vorher. Was ich einmal von dir ausbezahlt bekommen, habe ich eingesteckt — was heißt da zurückgeben! Oder! Na, *daran* denkst du wohl nicht?

F r l. I s e n b a r n. Doch, es ist jetzt alles anders geworden.

S i e b e n m a r k.
»Siehe, es ist alles neu geworden — — —?«

F r l. I s e n b a r n. Ja, neu, wenn du es so nennen willst.

S i e b e n m a r k. Das heißt »alt« — dies »neu?« hm?
(*Voß hustet.*)

S i e b e n m a r k. Haben Sie keine Angst, Herr Kompagnon, Sie sollen kein Zeuge werden. *(Zu Frl. Isenbarn.)* Nicht wahr? Wir wissen uns zu beherrschen. *(Raunend.)* Er liebte dich wirklich ganz im Ernst!

F r l. I s e n b a r n *(geht hin und betrachtet Iver).* Seine Miene ist verzerrt.

S i e b e n m a r k. Sagtest du nicht, vor ewig langer Zeit, etwas von beneiden? Oder war es deine stumme Meinung, die mir in den Kopf fuhr?

F r l. I s e n b a r n. Ja, das wollte ich jetzt sagen — alle solche Redensarten — —

S i e b e n m a r k. Nicht wahr? Es ist schon viel gewonnen, wenn wenigstens einer stillschweigt?

F r l. I s e n b a r n. Aber es ist mir doch so, als wäre ich selbst gestorben — hätte alles abgeschüttelt wie er.

S i e b e n m a r k. Nur mit dem einen Unterschied, daß er alles los ist, und du?

92

F r l. I s e n b a r n. Daß ich alles wieder in Besitz nehme, meinst du? Doch nicht so ganz!

S i e b e n m a r k. Doch nicht? Ich ließ mir nämlich beifallen, so etwas versuchsweise hinzuwerfen. Also nicht, auch gut!

F r l. I s e n b a r n. Hör doch zu Ende.

S i e b e n m a r k. Du hast das Wort! *(Zu Voß.)* Bitte, Herr Kompagnon — Maul halten. *(Drohend gegen die Leiche.)* Wenn Er aus dir reden will, so ist er höflichst ersucht, es zu unterlassen. Ich will hören, was *du* mir zu sagen hast, *du* allein.

(Frl. Isenbarn zieht seinen Kopf heran und flüstert ihm ins Ohr.)

S i e b e n m a r k *(halblaut).* Was du sagst — heute — doch — noch — diese — selbe Nacht? *(Zu Voß.)* Würden Sie so was glauben? *(Zu Frl. Isenbarn.)* Sag es lieber noch einmal, vielleicht habe ich deine Worte umgemünzt, vielleicht haben meine Ohren gestohlen. *(Zu Voß.)* Die Sache ist sehr unangenehm geworden — greulich kritisch — — — was kann sie bloß gesagt haben?

F r l. I s e n b a r n. Nein, es soll zugestanden sein. *(Zu Voß.)* Er hat sich nicht getäuscht — — und was können Sie für uns tun, da wir uns einmal aussprechen müssen?

S i e b e n m a r k. Genügt vollkommen, wenn Sie sich taub stellen, meinetwegen können Sie auch zuhören — aber es wäre vielleicht besser — *(zu Frl. Isenbarn)* wir — wir haben ja selbst so viel Platz drüben.

F r l. I s e n b a r n. Nein, wir müssen das hier zu Ende sprechen. Weißt du nämlich — — es soll ein für alle Mal, sozusagen für die Ewigkeit sein — und darum, wenn es hier — *(mit einem Blick nach der Leiche)* — auch schwerer ist als da — so ist es auch sicherer, es soll eben nichts mißverstanden werden. *(Zu Voß, der zur Tür geht.)* Danke. Sie wissen wohl ohnedies Bescheid — — ja, ja, Sie verstellen sich, Sie tun nur so — gute Nacht.

(Voß ab, schließt die Tür.)

Siebenmark. So — — also!

Frl. Isenbarn. Ja, das war's, was ich dir zu sagen hatte. Ganz mein eigener, nur mein Entschluß!
(Siebenmark nähert sich zweifelnd, fragend.)

Frl. Isenbarn. Nu ja — aber schließ die Tür fest zu.

Siebenmark *(weist auf die Leiche).* Bedenke — — —

Frl. Isenbarn *(verriegelt die Tür).* Denkst du, er erwacht? Vorher, wie er lebte, lag er bei dir wie in einer Grube, du sahest ihn kaum, und jetzt, wo er nicht sieht, nicht fühlt, erlöst, geopfert, entrückt ist, jetzt bist du so empfindlich, jetzt ist dir sein Dasein lästig?

Siebenmark. Und später — vergißt man so etwas?

Frl. Isenbarn. Ich sprach nur von heute. Du sollst haben, was du verdient hast. So wie du mich haben willst, bin ich, ganz so.

Siebenmark. Du sagst immer nur etwas von mir.

Frl. Isenbarn. Hier kann ich dir zeigen, wer ich bin. Nachher — oben im Zimmer, meinst du, bin ich's auch?

Siebenmark. Ich weiß nicht, was du meinst, ich habe keine Lust zu grübeln. Ich werde dich beim Wort nehmen, ganz einfach.

Frl. Isenbarn. Tu es — es hat nichts mehr mit mir zu tun.

Siebenmark. Ho — das ist deutlich, was? Verstehst du es, hat es mit Frau Siebenmark zu tun? Dann, dann — weißt du — wärst du doch mit eigenem Willen Frau Siebenmark geworden, nicht?

Frl. Isenbarn. Ich — was geht mich die Frau an, nein, ich mein's ganz anders.

Siebenmark. Sicher, sicher, man sieht es klar und deutlich.

Frl. Isenbarn. Jeder soll sein Teil haben. Erinnere dich, was ich dir heute nachmittag übergab — mein Hab und Gut und nun — — — Verstehst du nicht?

Siebenmark. Nein. *(Greift sie bei den Händen.)*

Was willst du, du hast mich dahin gebracht, so weit bin ich, nun gibt's kein Handeln mehr.

Frl. Isenbarn. Kein Handeln, nein, ich habe dich selbst ... dahin ...

Siebenmark. Ja, ja, du sagst es — du selbst. Da habe ich dich, du selbst sagst es, daß du mich dahin gebracht hast.

Frl. Isenbarn. Gewiß — ja — ich.

Siebenmark *(reißt sie an sich).* Endlich!

Frl. Isenbarn. Endlich!

Siebenmark. Wie? Sprich, sag es noch ein einziges Mal.

(Frl. Isenbarn stumm.)

Siebenmark. Das Wort, das mich durchdringt, zerschmelzt. *(Sieht sie an.)* Wie geizig bist du mit deinen Mienen, aber gesprochen hast du es, und es war Fülle und Überfluß.

Frl. Isenbarn. Aber ich sprach nicht mit dir.

Siebenmark *(läßt sie los, tritt zurück).* Was ist das?
(Frl. Isenbarn zuckt die Achseln.)

Siebenmark *(böse).* Was konnte das sein?

Frl. Isenbarn. Du hast dein Teil, was willst du mehr?

Siebenmark. Was für ein »endlich« war das? Ich will wissen, was für ein »endlich«.

Frl. Isenbarn. Endlich — nun endlich kommt die Reihe an mich. So will ich's, nicht besser. Ich bin endlich zufrieden mit mir. Ich spüre den Anfang, endlich den Anfang!

Siebenmark. War es dasselbe, was du vorhin — im Zimmer — zuletzt — meintest?

Frl. Isenbarn. Muß man ins Grab, um fort zu sein? Nein, es gibt Anfang und Ende gemischt, verklammert. Über das Ende kannst du spotten, das siehst du, und es gefällt dir nicht, du hast ja den Anteil daran, aber den Anfang, den laß ungeschoren, das ist mein Eigentum allein, den Anfang, den man zugleich wacht und schläft, wie ein Kind am ersten Tag. Man weiß nicht rechts und links, aber man ist

mitten drin. Man ist ganz ins Selbstverständliche ge-
taucht in dem Neuen, aber nun muß man sehen lernen, kriechen, gehen und danach all das andere.
Gott, was wird das alles werden!

S i e b e n m a r k (*gezwungen*). Nun, wir wollen hier
fort — komm, laß dich in dein Zimmer bringen.

F r l. I s e n b a r n. Und dort?

S i e b e n m a r k (*ebenso*). Dort wollen wir vernünftig
werden; hier kommt immer allerhand Wunderkram
dazwischen. Hier ist kein Ort für Liebesleute.

F r l. I s e n b a r n. Aber nicht wahr, es ist dir ernst,
daß ich dir nicht vergebens etwas anbiete.

S i e b e n m a r k. Mein Ernst — wie deiner — komm.

F r l. I s e n b a r n. Gleich. (*Will zurück.*) Laß mich ihn
noch einmal ansehen.

S i e b e n m a r k (*drängt sie fort*). Ich kann solche Ver-
mischung nicht leiden. Anfang — Ende? Nein! Laß
es doch.

F r l. I s e n b a r n. Es soll das letztemal sein.

S i e b e n m a r k. Ich kann da nicht mit. Wir wollen
dahin, wo Leben ist.

F r l. I s e n b a r n. Leben? O ja, da wo wir uns ins
»volle, schäumende Leben« — (*mit hämischer Beto-
nung*) — — stürzen?! (*Sie läuft zu Ivers Leiche und
küßt sie.*)

S i e b e n m a r k (*reißt sie zurück*). Küssen kannst du
ihn?

F r l. I s e n b a r n. Ja, ich hab's.

S i e b e n m a r k. Und daß ich nachher deine Küsse
empfange, ist dein Ernst?

F r l. I s e n b a r n (*schüttelt den Kopf*). Küssen — ich
dich — wir — uns? Mach mit mir, was du willst:
Küssen und alles, was bei euch zum »Leben« gehört
— aber . . .

S i e b e n m a r k. Wenn du so tot bist, wie kann ich
warm werden?

F r l. I s e n b a r n. Oh, ich bin doch warm — fühle —
und diese Wärme ist die Hauptsache, solange wir
warm anzufassen sind, spürt ihr Leben. Ach Gott,

was für Arbeit, eure Art glücklich zu sein. Muß man so glücklich sein?

S i e b e n m a r k. Meinst du, ich sehe nicht längst, wo du hinaus willst? Einen Walkürenauftritt hast du gespielt, bravo! Du willst vom toten Leben in den höheren Tod hinauf — Frau Siebenmark opfert sich Siebenmark. Sie läßt sich in Siebenmark begraben, um in Iver aufzustehen. Das sind alles hysterische Anwandlungen. Du hast die Wahl zwischen uns beiden.

F r l. I s e n b a r n. Wählen darf ich?

S i e b e n m a r k. Aber vergiß nicht, daß dein nächstes Wort so scharf und entscheidend ist wie ein Schuß.

F r l. I s e n b a r n *(nickt mit Entzücken, eilig)*. Ihn — ihn wähle ich.

(Siebenmark öffnet den Mund, um zu sprechen, aber der Ton versagt, er tippt sich mit dem Zeigefinger auf die Brust, als wollte er sagen: »getroffen«.)

(Frl. Isenbarn steht zwischen beiden, sie scheint aber, ohne zu schreiten, langsam auf Iver zu entrückt zu werden. Plötzlich rafft sie die Laterne auf und beleuchtet Ivers Gesicht. Dabei verlöscht die Flamme, und so entsteht volle Dunkelheit. Nach einiger Zeit wird die Tür langsam mit knarrendem Geräusch geöffnet. Es wird ziemlich hell von nüchternem Tageslicht. Die Scheune ist fast in demselben Zustande wie vorher, nur die drei Personen sind verschwunden. Voß und Engholm, beide in Bratenröcken und Zylindern, wie von einem Begräbnis kommend, treten ein.)

V o ß. Hier war es.

E n g h o l m. Hier lag er? Ein sonderbares Zusammentreffen an dem alten Ort — wie lange mag es her sein?

V o ß. Ach Gott, wir sind inzwischen alt geworden. Früher war ich schon mehr Gespenst als etwas anderes, und das ist mit der Zeit nicht besser geworden — ja, hier lag er — an dieser Stelle.

E n g h o l m. Und sie?

V o ß. Sie hat verstanden, sich nicht finden zu lassen.

Aber endlich lief einmal ein Zettel ein, darauf stand: ich bin es nicht mehr, mit vollem Namen unterzeichnet.

E n g h o l m. Und was wollte sie damit? Sie ist wohl katholisch geworden?

V o ß. Meinen Sie?

E n g h o l m. Meine eigene Schwester, wissen Sie, ging ins Kloster, wurde richtige Nonne. Es gibt so was — was meinen Sie denn?

V o ß. Es stand noch etwas hinter ihrem Namen: Magd eines hohen Herrn.

E n g h o l m. Na, sehen Sie wohl, was heißt das anders als Nonne?

V o ß. Doch wohl nicht. Der hohe Herr war ihr eigener hoher Sinn — und dem dient sie als Nonne — ja, ihr Kloster ist die Welt, ihr Leben — als Gleichnis.

E n g h o l m. Hm? Darüber könnte man disputieren — kommen Sie — Sie trinken doch noch Grog?

V o ß. Versteht sich — — wir Gespenster...

E n g h o l m. Pst! Vergleichsweise Gespenster. Das kann eine interessante Unterhaltung werden. Kommen Sie.

NACHWORT

Unter den acht Dramen Ernst Barlachs (1870—1938) nimmt der „Arme Vetter" eine Schlüsselstellung ein. Er entstand im Ersten Weltkrieg, wurde 1918 als sein zweites Stück veröffentlicht und erlebte 1919 seine Uraufführung in den Hamburger Kammerspielen. Sein Titel ist gleichsam eine Formel für die ganze Kunst dieses Bildhauerdichters und für seinen Glauben an eine „höhere Abkunft" des Menschen, die sich nicht beweisen, nur erleiden läßt. Er kehrt in den Briefen Barlachs gern als stehende Wendung wieder, wenn er Worte für sein religiöses Empfinden sucht. „Ich bin zu einseitig Mensch, armer Vetter, Verbannter, Zuchthäusler, sehe mit einer (entschuldige schon!) hellseherischen Unerbittlichkeit im Menschen die Hälfte von etwas Anderem, daß es mir auf das kleine bißchen Kultur gar nicht ankommt", schreibt er einmal.

Der „Arme Vetter" ist ein Auferstehungsdrama in profanem Gewand. Sein Tonfall und seine dichterische Schönheit werden durch den Gegensatz zwischen dem trivialen Kleid und dem religiösen Thema bestimmt. Die Handlung hat ein so originelles Lokalkolorit und wird von so meisterlich gezeichneten Figuren getragen, daß sogar Alfred Kerr, der einst maßgebende, auf Naturalismus und Neuromantik eingeschworene Berliner Theaterkritiker, der für Barlach nur Hohn übrig hatte, zugeben mußte: „Solang er hier Menschen an der Elbe malt: köstlich! köstlich!" (Neue Rundschau 1923). Schauplatz ist ein Ausflugsort an der Elbe in der Umgebung Hamburgs, also Barlachs Heimat. Spaziergängervolk aller Art schwärmt an einem Ostersonntag durch die Gegend, geht aneinander vorbei oder trifft zufällig zusammen: eine nicht mehr wählerische Städterin und ein abgebrühter Schürzenjäger, ein verwahrloster Schulmeister, der seine

Stelle verscherzt und seine Familie im Stich gelassen hat, ein verkümmerter Chemiker, der im Gegenteil nur an seinen kranken Jungen zu Hause denken kann, ein Selbstmordkandidat aus gutem Hause, eine Gruppe debattierender Jünglinge, ein Schwall harmlos vergnügter Spießer. In diese Handvoll heutiger Menschheit dringt unerwartet eine Stimme aus einer andern Welt.

Es ist die Stimme Hans Ivers, der sein Ostern mit dem Revolver feiert, weil er von dieser Menschheit genug hat. Kurz vor dem Schuß begegnen ihm zwei Verlobte, um deren Beziehung es nicht zum besten steht. Fräulein Isenbarn streicht in österlicher Sehnsucht singend durch das Heidegebüsch, die Weite der Welt strömt in ihre hungrige Seele, „als ob etwas Glänzendes, Mächtiges, das sich verloren hatte, sich wieder heranfindet, als ob ganz altes Fremdes wieder ganz jung bekannt wird. Wirklich, als ob man auferstünde!" Ihr Verlobter Siebenmark hat für dieses Frohlocken kein Gehör, er ist ein selbstzufriedener Banause, der mit der Uhr in der Hand lebt und nur die Abfahrt des Dampfers und seine Geschäfte im Kopf hat. Die Verstimmung der beiden wird durch das gute Einvernehmen jener mannstollen Bummlerin mit ihrem zufälligen Galan unterstrichen und droht auf einer Hügelkuppe zum offenen Zerwürfnis zu werden. Da kracht der Schuß Ivers, dem der Anblick dieser Sonntagsleute den Rest gegeben hat.

Er ist aber nur verwundet und liegt im dritten Bild in einer Kammer des Wirtshauses an der Dampferstation, in dem die Ausflügler vor einem Schneegestöber Schutz suchen. Sie sind ungeduldig, denn der Dampfer läßt auf sich warten, die Störung im Fahrplan ärgert sie mehr als das Klopfen des oben liegenden Verletzten. Nur Fräulein Isenbarn läßt der Gedanke an ihn keine Ruhe, weshalb Siebenmark großartig befiehlt, ihn auf seine Kosten wie seinen Vetter zu halten, ohne daß er im übrigen etwas mit ihm zu tun haben wolle. Seine Roheit öffnet der Braut vollends die Augen, sie will dableiben, und Siebenmark willigt in ihre „Laune" ein, weil er sich von diesem Nachtquartier etwas Unverhofftes verspricht. Ein Versuch

Ivers, aus dem Fenster zu springen, bringt die Brautleute und andere Gäste vor seine Türe. Vor ihr entwik-
keln sich im vierten und fünften Bild Auftritte von Bar-
lachschem Humor, in denen Grausiges, Erschütterndes
und Komisches durcheinandergehen. Das im Dunkeln
verdämmernde Gebälk des Dachbodens mit der von unten
heraufführenden gewundenen Treppe ist eine Lieblings-
szenerie Barlachs, und auch den hier versammelten Gestalten ist er besonders zugetan. Zu ihnen gehört der
„schöne Emil", eine überlebensgroße Puppe, die einst
von übermütigen Malern hergestellt und zum Schrecken
der Badegäste als falsche Leiche ins Wasser gelassen
wurde. Sie wird aus ihrem Winkel geholt und nimmt
als würdiger Partner am Gespräch der verlorenen Seelen
teil.

Der Selbstmörder mit der Kugel im Leib unterhält
sich mit ihnen, und seine Not macht ihnen gewaltig Spaß;
daß er ständig ihre Namen verhunzt und vertauscht, er-
höht für sie nur das prickelnd Gruselige des Abenteuers.
Besonders Siebenmark bekommt es mit ihm zu tun, da er
ihm seine Verzweiflung nicht glaubt und ihm „das ganze
Totsein in einer Viertelstunde ausreden" will. Es belu-
stigt ihn bloß, wenn Iver ihn beschwört: „Nun gut, haben Sie nicht manchmal Momente, wo Sie verarmter Vetter den hohen Herrn in seinem Glanz vorüberfahren
sehen? Das heißt: Sie spüren's in sich, als käme Ihnen
etwas nahe, von dem ein Verwandtes zu sein Ihnen wißbar wird. Und das Herz stockt Ihnen, Sie schnappen nach
Luft, und Sie brüllen wie ein Vieh auf in Ihrem Elend.
Sie — Herr Zwieback — — brüllen Sie nicht auch manchmal über Ihr Elend?" Alle halten den Verstörten schließlich für einen simulierenden Narren, niemand begreift den
Sinn der erfundenen Geschichte von seinem Freund Negendahl, mit der er beichtet, daß kein Verbrechen und keine
materielle Not, sondern das Leiden an seiner seelischen Ver-
kommenheit ihm den Revolver in die Hand gedrückt hat.
Er wollte sein besseres Ich, den göttlichen Funken in sich
befreien, an den er immer noch glaubte, und wenigstens
seine Niedrigkeit abwerfen, weil er nicht werden konnte,

was er eigentlich hätte sein müssen. Einzig Lena Isenbarn fühlt, daß dieser Gehetzte wirklich ihr armer Verwandter ist. Sie versteht seinen Schmerz, seinen Ekel, sein Zähneknirschen über die Gemeinheit der Menschen und die eigene Gefangenschaft in Schmutz und Schuld. Sie glaubt sich selbst aus diesem Irren sprechen zu hören, und Siebenmark antwortet ihr tonlos: „Ja, eigentlich, wenn ich mich genau prüfe, schien es mir die ganze Zeit, als spräche ich mit dir, statt mit ihm."

Im großartigen sechsten Bild findet sie den Mut, zu ihren Empfindungen zu stehen. In der Wirtsstube vertreibt ein als Frau Venus verkleideter Tierarzt den vor Langeweile und Ausgelassenheit tobenden Gästen die Zeit mit ordinären Witzen, auch der „schöne Emil" ist in dem Hörselberg wieder dabei. Der Höhepunkt des Trubels ist, daß Frau Venus in Ivers Gegenwart den Zettel vorliest, auf der dieser seinen ergreifenden Abschied von der Welt gekritzelt hat. Fräulein Isenbarn tritt dem Gegröl entgegen und nimmt für den Verhöhnten Partei. Endlich kommt der Dampfer, der unheilige Osterlärm entfernt sich, und das innere Geschehen des Stückes wird in seiner ganzen Tiefe sichtbar. Es verdichtet sich zu symbolischen Szenen von mystischer Innerlichkeit, in deren Mittelpunkt die drei Hauptfiguren stehen. Der in seine schöne, reiche Braut verliebte Siebenmark versucht die ihm Entgleitende endgültig an sich zu ziehen und verliert sie für immer. Ihr Auftreten im wüsten Getümmel hat sie ihm von einer neuen Seite gezeigt, und er möchte ihr seine Verehrung beweisen, indem er um ihretwillen dem Selbstmörder ein Geldgeschenk überbringt, obschon er ihre Sympathie für den Schwindler nicht begreift. Aber er kommt dabei übel an, er wird das Geld nicht los und erhält dafür eine Lektion, die ihn selbst vorübergehend um den Verstand bringt. Am nächtlichen Wasser mit Iver promenierend, wird er von diesem mit ätzenden Sprüchen in die Enge getrieben und zur Einsicht gebracht, daß er in seiner Braut nur sich selbst, Frau Siebenmark, vergöttert und nie imstande sein wird, sie um ihrer selbst willen zu lieben. Er verprügelt den Lästerer, doch er prügelt damit nur sich selbst aus seiner Siebenmärkischen Selbstsicherheit hinaus. Der schreckliche Zweifel an sich selbst, das große Thema aller Barlachschen Dramen, fällt den eitlen Egoisten an, aber er bleibt bei ihm eine groteske Episode. Dafür erlebt Iver, steifgefroren in der Sternennacht, die Erlösung aus seiner Qual, seine arme Seele erlischt im wehen Gespräch mit den Gestirnen: „Gott, ich danke dir Gott, daß du das alles von mir losmachst. Es gibt bloß noch hinauf, hinüber, trotz sich — über sich."

In der Scheune bei seiner Leiche kommt es zur letzten Aussprache zwischen den Verlobten. Der Tote liegt jetzt wie die Verkörperung alles dessen da, was sie innerlich trennt, wie der „Seelenbräutigam" in Person, den Siebenmark sich immer im Wege stehen fühlte. Er gibt zu, daß er den Tod dieses Rivalen gewünscht hat, und er hört von seiner Braut, daß sie bereit ist, seine Frau zu werden. Aber er ist hellhörig geworden, und als sie den Toten küßt, verlangt er brutal eine klare Entscheidung. Sie entscheidet sich ohne Zögern für Iver. Er, der sie erkannt und mit Siebenmark um sie gekämpft hat, ist für sie zum Lehrmeister eines besseren Lebens geworden, das sie in diesem Augenblick beginnt. Die Welt soll ihr Kloster sein, ihr eigener hoher Sinn der Herr, dem sie dient.

Diese letzten Vorgänge sind trotz der stimmungsvollen Szenerie beim ersten Lesen nicht leicht zu verstehen. Sie stellen ein seelisches Geschehen dar, nicht im psychologischen Sinn wie etwa bei Ibsen, sondern in der mystischen Hintergründigkeit des echt religiösen Theaters. Was auf der Bühne sichtbar und hörbar wird, ist nur sinnbildliches Zeichen, der virtuose Realismus nicht Selbstzweck, sondern Mittel im Dienst einer im Grund antirealistischen Kunst. Der kurze Epilog in der Scheune, der Lena Isenbarns späteres Schicksal künstlerisch nicht ganz überzeugend andeutet, ist zumindest für diesen antirealistischen Stil bezeichnend. Schon das erste Bild ruft bald den Eindruck des Doppelsinnigen hervor.

Das liegt nicht zuletzt am fortwährenden Spiel mit den Worten, das da getrieben wird. Gleich am Beginn verhaken sich die Brautleute in ein Geplänkel mit den Worten „wir-unser" und fechten mit Gleichnissen gegeneinander, und diese Wortspielerei durchzieht das ganze Stück. Wenn Iver fragt: „Haben Sie was auf dem Gewissen?", antwortet Voss: „Auf wem? Der Gewisse dient mir zum Sitzen — sonst kann ich nicht dienen"; der Wirt sagt von Iver, der am Fenster rüttelt: „Das gibt so 'ne Gäste, die wollen hoch hinaus." Der Tierarzt in seiner Venusrolle kalauert endlos mit solchen Wortspaltereien, und noch der Zollwächter Sieg, der als neuer Charakterkopf fein in die letzten Szenen eingeführt wird, stellt sich launig vor: „Jeder Zoll ein Wächter, Sieg ist mein Name." So spielt auch Iver mit den Namen seiner Zuhörer, so wird das Stichwort vom armen Vetter zu einem Leitmotiv. Die Wortspiele sind bald parodistisch, bald tiefsinnig, jedenfalls aber so zahlreich, daß man schon sprachlich auf einem doppelten Boden steht, der jederzeit einbrechen kann. Der Sprachwitz ist das eigentliche Element des Dichters Barlach; er schwelgt nicht in der Schönheit der Wörter, sondern behandelt sie als „lackierte Nußknackerwahrheiten". Sie beweisen ihm nichts, auch sie sind Larven, in den Chören des Wirtshauspublikums triumphiert ihre Absurdität. Dem stehen dann freilich Momente gegenüber, wo das Wort zum Gefäß einer erlösenden Wahrheit wird.

Aber auch die Handlung ist mit Doppelsinn geladen. Je weiter sie fortschreitet, desto deutlicher spürt man ihn, und er geht zuletzt in reine Allegorik über. Der zufällige Schauplatz wird zum Welttheater, der Dampfer zum Sinnbild des automatischen Gewohnheitslebens, die lärmige Wirtsstube zum Ort der Verdammnis im Fleisch, wo die Ratten der Fäulnis und des Ekels hausen, das Geld in Siebenmarks Händen zum Attribut seiner Herzlosigkeit. Man lese die letzte Regiebemerkung der fünften Szene, um sich davon zu überzeugen, wie bewußt Barlach die Sinnbildlichkeit aller Einzelheiten herausarbeitet.

In den Szenen am nächtlichen Stromufer fallen dann die letzten Schleier. Die Prügelei zwischen Siebenmark und Iver erinnert von fern an die Prügelszene zwischen

Merkur und Sosias in Kleists „Amphitryon", die sich um die gleiche Frage dreht: Bin ich der, der ich zu sein glaube? Sie spielt auf der Grenze des Wirklichen und kann auf der Bühne nur überzeugen, wenn ihre allegorische Bedeutung erkennbar wird. Auch das herrlich abgewandelte Sinnbild der Laterne könnte aus der ersten Szene des „Amphitryon" stammen. Die Laterne gehört dem auf seine Instruktionen erpichten Ordnungshüter Sieg, und er zündet sie an, damit Siebenmark in der Dunkelheit sein vergebliches Geldgeschäft mit Iver erledigen kann. Einsam brennt sie dann eine Zeitlang am Ufer weiter, das Abbild der armen Menschenvernunft, die den irdischen Trug in einem kleinen Umkreis beleuchtet. Der an sich selbst irre gewordene Siebenmark hält sie verdutzt in die Höhe und philosophiert über sie, dann hebt sie Iver empor und stellt sie wieder hin, weil sie ihm die Sternbilder verdunkelt: „Es läßt sich nicht leugnen, vor meinen Augen ist die Latüchte heller als der Sirius, eine Tranlampe überscheint ihn. Es muß eben jeder selbst sehen, wie er's macht, daß diese selbstige Funzel nicht alle himmlischen Lichter auslöscht." Ihr trübes Weiterflackern nahe am Verlöschen bildet das Sterben des Verlassenen ab, der sich im Gebüsch verkrochen hat. Der zurückkehrende Sieg leuchtet mit ihr den Toten an, und ihr endliches Erlöschen ist von mystischer Weihe.

Auch das letzte Gespräch der Verlobten in der Scheune findet auf der Grenze zwischen zwei Welten statt. Siebenmark schreit die Leiche des Selbstmörders an und will sie zum Sprechen bringen, weil es für ihn kein Jenseits gibt; er schreit seiner Braut den Namen Siebenmark ins Gesicht, so daß er sich zum gespenstischen Schimpfwort verzerrt: „Frau Siebenmark opfert sich Siebenmark. Sie läßt sich in Siebenmark begraben, um in Iver aufzustehen. Das sind alles hysterische Anwandlungen. Du hast die Wahl zwischen uns beiden." Die stumme Leiche ist das erste Stück Wirklichkeit, mit dem er nicht fertig wird, für Lena Isenbarn aber ist sie das Bild ihres eigenen Ich, das sie jetzt abschüttelt und mit einem besseren Ich vertauscht.

Alle religiöse Kunst will erwecken, erschüttern, den Menschen ändern. Barlach steht jenseits der Kirchen und Konfessionen, er predigt kein Dogma, wie schon sein tief menschlicher Humor beweist. Sein Osterdrama ist keine tendenziöse Moralität und frei von allem rhetorischen Pathos. Aber er steht doch als einzelner gegen seine Zeit, als Gläubiger gegen eine gottlose Welt. Der profane, witzige Ton ist auch im „Armen Vetter" nur die Kehrseite eines heiligen Ernstes, Vorbereitung auf Szenen von sakraler Feierlichkeit, in denen er sich zu seinem Glauben bekennt. Da steigt über die Torheit der Menschen ein göttliches Geheimnis des Daseins empor, das nur den Leidenden, sich Wandelnden vernehmlich wird.

Walter Muschg

BARLACHS LEBEN

Ernst Barlach wurde am 2. Januar 1870 in Wedel (Holstein) als Sohn eines Arztes geboren. Seine Jugendzeit verbrachte er in Schönberg (Mecklenburg) und Ratzeburg. Der norddeutschen Landschaft und ihren Menschen blieb er immer verbunden. 1888—91 besuchte er die Kunstgewerbeschule in Hamburg. 1891—95 die Akademie in Dresden. 1895—96 studierte er in Paris an der Académie Julien. Von 1899—1901 lebte er in Berlin, 1901—1904 in Wedel. Über seine Entwicklung in dieser Zeit hat Barlach im „Selbsterzählten Leben" gesagt: „Es begab sich irgendwann bei arglosem Hin- und Hertreiben eine Abkehr vom unbedachten Hinnehmen jeder Zufallsform. Ich fiel — wenigstens gelang das erst einmal, später nochmals und am Ende nicht ganz selten — dem Erlesen zu, sei es einer entschiedenen, starken, grotesken und lieblichen Form oder dem nachspürenden Ahnen eines leisen, humorigen oder wüsten Wertes hinter der Alltagsmaske. Zaghaft genug fing ich an, wegzulassen, was zur Stärkung einer unklar gewußten oder gewollten Wirkung nicht beitragen konnte, war nicht mehr schlechthin Dulder und Diener des sichtbaren Seins. Es unterlief mir die Frechheit, es zu organisieren, wobei nun freilich die Weiterfahrt oft genug stockte."

Von 1905—1910, unterbrochen durch eine zweimonatige Reise nach Rußland im Spätsommer 1906, die auf die Entwicklung seines Schaffens großen Einfluß hatte, und einen kurzen Aufenthalt in Florenz 1909, lebte Barlach wieder in Berlin. Von dem Barlach der Berliner Jahre hat Karl Scheffler in seinen Erinnerungen „Die fetten und die mageren Jahre" geschrieben: „Der erste Eindruck schon ließ einen Außenseiter und ein Original erkennen. Obwohl er noch ungewiß tastete und ein Bedrängter war, der nicht wußte, wie er der Fülle seiner plastisch-poetischen Gesichte Herr werden sollte, wirkte er bereits wie eine geprägte Persönlichkeit. Er war insofern ein Leidender, als seinem Temperament etwas Süchtiges eigen war, als der Strom seiner Kräfte ganz einseitig, dafür aber reißend schnell floß. Doch fehlte jene bläßliche Koketterie, die so oft Romantikern anhaftet; auch wich er dem Leben nicht aus."

Von 1910 bis zu seinem Tode war er in Güstrow in Mecklenburg ansässig, zuerst mit seiner Mutter in der Stadt, später in seinem Atelierhaus auf dem Heidberg. Ab 1927 entstanden die großen öffentlichen Denkmäler, das Ehrenmal mit der schwebenden menschlichen Gestalt im Dom zu Güstrow, der „Geistkämpfer" in Kiel, das die Trauer über das Unheil des Krieges dokumentierende Ehrenmal im Magdeburger Dom, der von Carl Georg Heise angeregte „Figurenschmuck von St. Katharinen" zu Lübeck und das Ehrenmal in Hamburg. Aus dem Jahre 1930 stammen die Plastiken „Lesender Klosterschüler" und „Der singende Mann", 1931—35 entstand der „Fries der Lauschenden". 1934 begann die Verfemung: Man beseitigte das Magdeburger Ehrenmal, später die anderen Denkmäler; 1938 wurden auch die Werke aus den deutschen Museen als „entartete Kunst" entfernt. Seine Stücke durften nicht mehr aufgeführt werden. Vom Arbeitsverbot bedroht, fühlte sich Barlach als Emigrant im eigenen Vaterland, bittere Tragik lag über seinen letzten Jahren. Er starb am 24. Oktober 1938 in einer Rostocker Klinik; seinem Wunsch gemäß wurde er in Ratzeburg begraben.

Das erste der expressionistischen Dramen Barlachs, in denen die Gestalten des Bildhauers und Graphikers zu sprechen beginnen, war „Der tote Tag" (1912); das mythische Werk vom Schicksal einer Mutter, die ihren Sohn an das Leben verliert, endet mit dem Wort: „Sonderbar ist nur, daß der Mensch nicht lernen will, daß Gott sein Vater ist." „Der arme Vetter" (1918) spielt an einem Ostertag; es ist ein Schauspiel mit dichter Atmosphäre aus dem Niederdeutschen. Wie die meisten Erstausgaben der Bühnenwerke Barlachs enthält auch diese ausdrucksstarke Lithographien, in denen er das Thema noch einmal abzuwandeln scheint. In der Tragikomödie „Die echten Sedemunds" (1920) werden Heuchler in einer Kleinstadt durch einen Narren entlarvt. „Der Findling" (1922) ist erfüllt von Bildern apokalyptischen Grauens. „Die Sündflut" (1924) nimmt das Thema des biblischen Geschehens zum Anlaß für ein Streitgespräch zwischen Mensch und Gott. „Der blaue Boll" (1926), wieder in einer norddeutschen Kleinstadt spielend, zeigt mit grotesk-komischen Szenen die innere Wandlung eines von unheimlicher Lebenskraft strotzenden Mannes. „Die gute Zeit" (1930) schrieb der Dichter als Zeitkritiker. Fragment geblieben ist „Der Graf von Ratzeburg" (Aus dem Nachlaß, 1951), eine Bühnendichtung, in der die Religiosität des Mystikers Barlach nachhaltigen Ausdruck findet, im Sinne des Wortes von Angelus Silesius: „Mensch werde wesentlich."

Als Prosaist schrieb Barlach „Ein selbsterzähltes Leben" (1928), die Schilderung seiner Herkunft und Jugend. In den Jahren 1913—16 entstand sein köstlich humorvolles Romanfragment „Seespeck" (veröffentlicht 1948), das autobiographischen Charakter hat, wie auch die skurrile Geschichte „Der gestohlene Mond" (begonnen um 1930, herausgegeben 1948).

Von der Gesamtausgabe des dichterischen Werkes liegen bisher zwei Bände vor: „Die Dramen" (1956) und „Die Prosa I" (1958). Seine Briefe hat Friedrich Droß herausgegeben. Biographien schrieben Carl Dietrich Carls und Willi Flemming.

Ernst Barlach

Das dichterische Werk in drei Bänden

Band I: Die Dramen
10. Tsd. 624 Seiten. Leinen und Leder

Band II: Die Prosa I
526 Seiten. Leinen und Leder

Band III: Die Prosa II
724 Seiten. Leinen und Leder

Die Briefe

Hrsg. v. Friedrich Droß, 2 Bände

Band I: 1888–1924
824 Seiten. Leinen

Band II: 1925–1938
912 Seiten mit Register für beide Bände. Leinen

Spiegel des Unendlichen

Auswahl aus dem dichterischen Gesamtwerk.

Band 71 der »Bücher der Neunzehn«. 30. Tsd.
480 Seiten. Leinen
Plastik
24. Tsd. 230 Seiten. Leinen in Schuber
Zeichnungen
242 Seiten. Leinen in Schuber

R. PIPER & CO VERLAG MÜNCHEN

ERNST BARLACH

Der Figurenschmuck von St. Katharinen zu Lübeck

Einführung von Carl Georg Heise. 16 Bildtafeln und 32 Textseiten. UB Nr. B 9002. Mit Glanzfolien-Umschlag kartoniert

„Im Format der Reclam-Bändchen, jedoch in ganz neu-artiger Ausstattung, präsentieren sich die Ausgaben der Reihe „Werkmonographien zur bildenden Kunst". Am Beispiel Barlach sei die Gliederung der reizvollen, preis-werten Bändchen kurz erläutert. Zunächst wird die Ent-stehungsgeschichte des Kunstwerks knapp geschildert, auch die Schwierigkeiten, die es zu überwinden galt, bis der Auftrag zustande kam, die drei Figuren verwirklicht wurden und nach langer Zeit an ihren Bestimmungsort gelangten. Ein Abriß über Barlachs Leben, Briefzeug-nisse, die seine religiöse und politische Auffassung wie-dergeben, und ein Nachruf von Theodor Heuß setzen die ernsten Akzente für das Gesamtbild eines Mannes, der den dunkelsten Stunden seiner inneren Berufung nicht ausgewichen ist."   „Schulwarte", Stuttgart.

PHILIPP RECLAM JUN. STUTTGART